DIREITO DAS SUCESSÕES

2ª edição
revista e ampliada

Dados Internacionais de Catalogação na Publicação (CIP)
(Câmara Brasileira do Livro, SP, Brasil)

Roque, Sebastião José
   Direito das sucessões / Sebastião José Roque. – 2. ed. rev. e ampl. – São Paulo : Ícone, 2003. – (Elementos de direito)

   ISBN 85-274-0749-3

   1. Direito civil – Brasil 2. Direito das sucessões 3. Direito das sucessões – Brasil I. Título. II. Série

03-3733   CDU-347.65(81)

Índices para catálogo sistemático:
1. Brasil : Direito das sucessões : Direito civil
      347.65(81)

SEBASTIÃO JOSÉ ROQUE

Bacharel, mestre e doutor em Direito pela Faculdade de Direito da Universidade de São Paulo

Advogado, árbitro e consultor jurídico empresarial

Professor da Faculdade de Direito da Universidade São Francisco

Presidente do Instituto Brasileiro de Direito Comercial "Visconde de Cairu"

Presidente da Associação Brasileira de Arbitragem – ABAR

Autor de 22 obras jurídicas

DIREITO DAS SUCESSÕES

2ª edição
revista e ampliada

Ícone
editora

© Copyright 2004
Ícone Editora Ltda.

Coleção Elementos de Direito

Diagramação
Andréa Magalhães da Silva

Revisão
Rosa Maria Cury Cardoso

Proibida a reprodução total ou parcial desta obra,
de qualquer forma ou meio eletrônico, mecânico,
inclusive através de processos xerográficos,
sem permissão do editor
(Lei nº 9.610/98).

Todos os direitos reservados pela
ÍCONE EDITORA LTDA.
Rua Lopes de Oliveira, 138 – 01152-010
com Rua Camerino, 26 – 01153-030
Barra Funda – São Paulo – SP
Fone/Fax: (11) 3666-3095
www.iconelivraria.com.br
e-mail: editora@editoraicone.com.br
edicone@bol.com.br

O PODER DA MENTE

Pobre de ti se pensas ser vencido,
Tua derrota é um caso decidido.
Queres vencer mas como em ti não crês
Tua descrença esmaga-te de vez.
Se imaginas perder, perdido estás.
Quem não confia em si marcha para trás.
A força que te impele para a frente
É a decisão firmada em tua mente.

Muita empresa esboroa-se em fracasso
Inda antes de dar o primeiro passo.
Muito covarde tem capitulado
Antes de haver a luta começado.
Pensa em grande e teus feitos crescerão;
Pensa em pequeno e irás depressa ao chão.
O querer é poder arquipotente
É a decisão firmada em tua mente.

Fraco é quem fraco se imagina.
Olha ao alto quem ao alto se destina.
A confiança em si mesmo é a trajetória
Que leva aos altos cimos da vitória.
Nem sempre quem mais corre a meta alcança,
Nem mais longe o mais forte o disco lança.
Mas se és certo em ti, vai firme, vai em frente
Com a decisão firmada em tua mente.

ÍNDICE

1. DA SUCESSÃO EM GERAL, 13
    1.1. Conceito de sucessão, 15
    1.2. Fundamentos do Direito das Sucessões, 16
    1.3. O Direito das Sucessões, 17
    1.4. Tipos de sucessão, 18
    1.5. Direitos sucessórios dos companheiros, 18

2. DA HERANÇA E DE SUA ADMINISTRAÇÃO, 21
    2.1. A abertura da sucessão, 23
    2.2. O lugar da abertura, 24
    2.3. A passagem aos herdeiros, 24

3. DA ACEITAÇÃO E RENÚNCIA DA HERANÇA, 29
    3.1. Da aceitação da herança, 31
    3.2. Tipos de aceitação, 31
    3.3. Incondicionalidade da aceitação, 32
    3.4. Transmissão aos sucessores, 33
    3.5. Da renúncia, 33
    3.6. Conseqüências da renúncia, 35
    3.7. Da petição da herança, 36

4. DA HERANÇA JACENTE, 39
    4.1. Conceito, 41

4.2. A arrecadação da herança jacente, 42
  4.3. Da herança vacante, 42

5. DOS EXCLUÍDOS DA SUCESSÃO, 45
  5.1. Capacidade sucessória, 47
  5.2. A indignidade, 47
  5.3. Reabilitação do indigno, 49

6. DA SUCESSÃO LEGÍTIMA, 51
  6.1. Os dois tipos de sucessão, 53
  6.2. A ordem da vocação hereditária, 53
  6.3. Deferência aos descendentes, 54
  6.4. A sucessão pelos ascendentes, 55
  6.5. Sucessão do filho havido fora do casamento, 56
  6.6. Sucessão pelo cônjuge sobrevivente, 56
  6.7. A sucessão no casamento de fato, 57
  6.8. Sucessão pelos colaterais, 65
  6.9. Sucessão pelo Estado, 67
  6.10. Direito de usufruto, 68
  6.11. Direito de habitação, 69
  6.12. Do direito de representação, 69
  6.13. Dos herdeiros necessários, 71

7. DA SUCESSÃO TESTAMENTÁRIA, 73
  7.1. Conceito de testamento, 75
  7.2. Da capacidade de testar, 76
  7.3. Formas de testamento, 78
  7.4. Do testamento público, 78
  7.5. Do testamento cerrado, 80
  7.6. Do testamento particular, 83

8. DOS CODICILOS, 85

9. DOS TESTAMENTOS ESPECIAIS, 89
  9.1. Aspectos excepcionais, 91
  9.2. O testamento marítimo e aeronáutico, 91
  9.3. O testamento militar, 93

10. DAS DISPOSIÇÕES TESTAMENTÁRIAS, 95
    10.1. A nomeação do herdeiro, 97
    10.2. Interpretação do testamento, 97
    10.3. Nulidade das disposições, 99
    10.4. Validade das disposições, 100
    10.5. Cláusula de inalienabilidade, 103

11. DOS LEGADOS, 105
    11.1. Conceito e características, 107
    11.2. Objeto do legado, 108
    11.3. Legado de crédito, 110
    11.4. Compensação de créditos, 111
    11.5. Legado de alimentos, 111
    11.6. Legado de usufruto, 112
    11.7. Legado de benfeitorias, 112

12. DOS EFEITOS DOS LEGADOS E DO SEU PAGAMENTO, 113
    12.1. O direito de pedir, 115
    12.2. A quem pedir, 115
    12.3. Legado de coisa frutífera, 116
    12.4. Legado de renda vitalícia ou prestação periódica, 116
    12.5. Legado de quantidades certas, 117
    12.6. Legado de coisa determinada pelo gênero e pela espécie, 117
    12.7. Legado alternativo, 119
    12.8. Responsabilidade dos herdeiros pelo legado, 119
    12.9. Despesas e risco do legado, 120
    12.10. Legado com encargo, 121

13. DA CADUCIDADE DOS LEGADOS, 123
    13.1. Conceito e causa de caducidade do legado, 125
    13.2. Caducidade do legado alternativo, 127
    13.3. Caducidade pela modificação da coisa, 127
    13.4. Alienação da coisa, 128
    13.5. Perecimento ou evicção da coisa, 128
    13.6. Exclusão do legatário, 129
    13.7. Pré-morte do legatário, 130

14. DO DIREITO DE ACRESCER ENTRE HERDEIROS E LEGATÁRIOS, 131
    14.1. Conceito, 133

14.2. Causas do surgimento do direito, 133
14.3. No legado de usufruto, 135

15. DA CAPACIDADE PARA ADQUIRIR POR TESTAMENTO, 137
    15.1. Conceito, 139
    15.2. Incapacidade absoluta, 139
    15.3. Incapacidade relativa, 140
    15.4. Fraudes testamentárias, 140

16. DOS HERDEIROS NECESSÁRIOS, 143
    16.1. Herdeiros legítimos e necessários, 145
    16.2. Porção reservada e porção disponível, 145
    16.3. Proteção dos interesses hereditários, 146
    16.4. Exclusão dos colaterais, 147

17. DA REDUÇÃO DAS DISPOSIÇÕES TESTAMENTÁRIAS, 149
    17.1. Conceito, 151
    17.2. Redução do excesso da porção disponível, 151
    17.3. Redução em prédio (imóvel), 153

18. DAS SUBSTITUIÇÕES, 155
    18.1. No que consiste, 157
    18.2. Substituição coletiva e recíproca, 158
    18.3. O fideicomisso, 160

19. DA DESERDAÇÃO, 163
    19.1. Conceito, 165
    19.2. Pressupostos da deserdação, 165
    19.3. Causas da deserdação, 166

20. DA REVOGAÇÃO DOS TESTAMENTOS, 169
    20.1. A faculdade da revogação, 171
    20.2. Os modos de revogação, 172
    20.3. O rompimento do testamento, 173

21. DO TESTAMENTEIRO, 175
    21.1. Da testamentaria, 177

21.2. A nomeação do testamenteiro, 177
21.3. Obrigações e direitos do testamenteiro, 178
21.4. Remuneração do testamenteiro, 179

22. DO INVENTÁRIO E DA PARTILHA, 181
    22.1. Conceito de inventário, 183
    22.2. O inventariante, 184
    22.3. A abertura do inventário, 186
    22.4. O arrolamento, 188

23. DA PARTILHA, 189
    23.1. Conceito e efeitos, 191
    23.2. Os que podem requerer a partilha, 191
    23.3. Modalidades de partilha, 191
    23.4. Bens embaraçosos à partilha, 193

24. DOS SONEGADOS, 195
    24.1. Conceito de sonegado, 197
    24.2. Quem é o sonegador, 197
    24.3. Da ação de sonegados, 198

25. DA COLAÇÃO, 201
    25.1. Conceitos de colação, 203
    25.2. Sujeitos da colação, 203
    25.3. Dispensa da colação, 204
    25.4. Casos especiais de colação, 205

26. DO PAGAMENTO DAS DÍVIDAS, 207
    26.1. A depuração do espólio, 209
    26.2. O processo de depuração, 209
    26.3. As dívidas eventuais, 211

27. DA GARANTIA DOS QUINHÕES HEREDITÁRIOS, 213
    27.1. O fim da indivisão, 215
    27.2. Os efeitos da evicção, 215

28. DA ANULAÇÃO DA PARTILHA, 217
    28.1. A revisão da partilha, 219

28.2. A nulidade e a anulabilidade, 220
28.3. Casos especiais de anulação, 221

APÊNDICE, 223
   Novo Código Civil – Livro V – Do Direito das Sucessões. Art. 1.784 a 2.027, 225

1. DA SUCESSÃO EM GERAL

1.1. Conceito de sucessão
1.2. Fundamentos do Direito das Sucessões
1.3. O Direito das Sucessões
1.4. Tipos de sucessão
1.5. Direitos sucessórios dos companheiros

1.1. Conceito de sucessão

Entramos agora no último ramo do Direito Civil, a ser tratado: o Direito das Sucessões. Duas razões primaciais nos autorizam a dizer que seja o Direito das Sucessões o último. Em primeiro lugar, diremos que é o último livro de nosso Código Civil, ocupando os arts. 1.784 a 2.027. Em segundo lugar, há o aspecto didático: o Direito das Sucessões é normalmente estudado no 5º ano, ou seja, é o último ramo do Direito Civil a ser examinado em nossas faculdades de Direito. Não achamos mera coincidência a colocação dessa parte especial na última instância do estudo do Direito Civil. Com efeito, o Direito das Sucessões, em suas normas e institutos, exige conhecimentos dos demais ramos do Direito Civil.

É intimamente ligado ao Direito de Família, tanto que, processualmente, as questões sucessórias correm em vara especializada, separada das varas cíveis: a Vara da Família e das Sucessões. Não obstante seja bem distinto do Direito de Família, apresenta com ele muitas conexões, conforme constataremos nas várias fases das nossas considerações. Patente também é a pertinência ao Direito das Coisas; o tema principal do Direito das Sucessões é o destino do patrimônio de quem morre, tocando muito de perto o problema da posse e da propriedade, além da vida do proprietário. Ante o Direito Obrigacional, guarda ainda o Direito das Sucessões muitos pontos de contato, porquanto o patrimônio é constituído de direitos e obrigações, quer pessoais quer reais. Marcante é a conotação processual do Direito das Sucessões, uma vez que, mesmo que haja acordo entre os sucessores de quem falecer, imprescindível se torna a abertura de processo judicial para solucionar o problema da herança.

O que se entende como sucessão? Eis aí uma palavra com várias acepções, mesmo na linguagem jurídica. Aliás, é comum no Direito uma palavra ter diversos sentidos, inclusive o próprio vocábulo "direito". O primeiro sentido é o de transmissão ou de substituição. Assim, um avalista que paga um título de crédito vencido, sucede ao titular dos direitos cambiários. Uma empresa adquire as cotas de outra, tornando-se sucessora desta. Numa relação jurídica, muda-se o sujeito ativo ou passivo: o novo sujeito sucedeu ao primeiro. Estamos porém no campo do Direito das Sucessões: a sucessão a que nos referimos é então a chamada "sucessão hereditária". É a substituição do titular de certos direitos, em vista de ter falecido, por outro vivo; é um sentido subjetivo. Olhando por outro lado, no aspecto objetivo, é a "herança", isto é, patrimônio de uma pessoa falecida, a massa de direitos e obrigações, bens e encargos que uma pessoa deixa ao falecer. A herança é então transmitida a outra pessoa, chamada herdeiro ou sucessor.

Há portanto o "autor da herança", uma pessoa física e morta. Não há herança de pessoa viva nem pessoa jurídica. Uma pessoa jurídica pode ser porém a beneficiária da herança, vale dizer, receber de herança o patrimônio de uma pessoa física, que falecer. A Santa Casa de São Paulo, por exemplo, tornou-se herdeira de inúmeros e valiosos bens que lhe foram deixados, em testamento, por beneméritos, como Afonso Bovero e João Brícola. É comumente chamada de "de cujus", abreviado da expressão: "de cujus hereditate agitur" (de quem a herança se trata).

1.2. Fundamentos do Direito das Sucessões

Herdamos do direito romano as normas e princípios do Direito das Sucessões, embora com várias diferenças, devido às diversas formas de constituição familiar predominante na antiga Roma. Modernamente, após o advento do marxismo, esse ramo do direito começou a sofrer sérios reparos. Para os socialistas, a aquisição de bens, a formação do patrimônio, deve ser conseguida pelo mérito, vale dizer, pelo esforço e trabalho. A herança pode tornar rica, de um dia para o outro, uma pessoa que nada tenha feito para se enriquecer. Contraria os interesses coletivos e os princípios da justiça: Afronta os princípios básicos do socialismo, concentrando o capital nas mãos de poucos, que não contribuem com seu trabalho, negando aos trabalhadores a oportunidade de enriquecer-se, enquanto alguns indivíduos inúteis e vadios enriquecem sem trabalho.

Essa doutrina concretizou-se no direito das nações socialistas, como a antiga União Soviética. Esse país suprimiu a herança, assim que instituiu um regime calcado nas idéias marxistas, em 1917. Pelo ponto de vista teórico, vemos muita lógica nas objeções socialistas, mas, no aspecto psicológico, não se concretizou a abolição da herança. Pouco a pouco, foi relaxada, até que a herança fosse restaurada no Código Civil de 1964, admitindo-se tanto a sucessão legítima, como a testamentária.

É condição intrínseca da natureza humana a preocupação com os familiares que possam ficar privados de seu sustentáculo. Qualquer um de nós luta para formar um patrimônio para garantir-se e para a garantia de sua prole. Nessa luta, os seres humanos apelam para a poupança até o sacrifício, lançam-se ao trabalho intenso, com vistas a formar um pecúlio para que seu cônjuge não fique desamparado e sua prole à míngua. O amor paterno é o sentimento estimulante das atividades produtivas, da geração das riquezas e do interesse pela poupança. Se um homem estiver ciente de que, ao final de sua vida, seu patrimônio irá para outras mãos que não contribuíram para a formação desse patrimônio, procuraria viver o dia-a-dia, fruindo e gastando tudo o que ganhasse e só lutaria para o momento presente. Ficariam rotos os sentimentos de solidariedade familiar, a "affectio conjugalis" e o próprio zelo para com a propriedade.

Reconhecendo esses aspectos, o regime soviético nunca aboliu a propriedade privada; apenas impediu que as fontes de produção fossem exploradas por particulares impedindo a apropriação privada da riqueza social. A herança, entretanto, terminou por ser considerada um patrimônio privado, constituído pelo esforço particular e, atendendo a um forte sentimento humano e à última vontade de um homem. Atende, de certa forma, a um sugestivo brocardo francês, que será muito invocado em nossas considerações: "S'il y a quelque chose de sacré parmi les hommes, c'est la volonté des mourants" (se houver alguma coisa de sagrado entre os homens, é a vontade dos moribundos).

1.3. O Direito das Sucessões

Tendo-se em vista o conceito já formado de sucessão, concluímos então que o Direito das Sucessões é o conjunto de princípios e normas que regem a inserção de uma pessoa na titularidade de uma relação jurídica que lhe advém de outra pessoa, em vista da morte desta última. O nome desse direito é de origem latina, "sub-cedere", pois seus efeitos aproximam-se aos de uma cessão, por ser forma de aquisição de bens e direitos, que passam de um sujeito aos que lhe sucedem (sub-cedere), em vista da morte do primeiro.

As normas concernentes ao Direito Sucessório estão expressas na fase final de nosso Código Civil, nos arts. 1.784 a 2.027, que serão pormenorizadamente examinados. São 244 artigos, concentrando vasta matéria jurídica. Em vista dos aspectos formais de aplicação do Direito das Sucessões, as normas procedimentais encontram-se no Código de

Processo Civil. Entre elas, encontra-se um capítulo constituído dos arts. 982 a 1.045, denominado "Do Inventário e da Partilha", e outro capítulo, formado pelos arts. l.125 a 1.169, chamado "Dos Testamentos e Codicilos".

Quanto à origem desse direito, já houvéramos referido à antiga Roma, inclusive com os atuais institutos mais expressivos: a herança (hereditas), a instituição de herdeiro (heredis institutio), a sucessão legítima (sucessio ab intestado), o legado (legatum), o fideicomisso (fideicomissum).

1.4. Tipos de sucessão

Deveremos examinar, nos pormenores, as variadas espécies de sucessão nos capítulos oportunos. Todavia, desde logo, será conveniente distinguir essas espécies, pois normas apresentam variações de acordo com a modalidade de sucessão. A discriminação mais ampla e importante é a de dois tipos: a testamentária e a legítima: a primeira ocorre se houver testamento, e a segunda se não houver. Essa distinção é reconhecida pelo art. 1.786.

"A sucessão dá-se por lei ou por disposição de última vontade.

Havendo testamento válido, a sucessão será testamentária. O testamento é a disposição de última vontade, pelo qual uma pessoa dispõe de seus bens para após a sua morte. Sem testamento será então legítima. É o que reconhece o nosso Código Civil: morrendo a pessoa sem testamento transmite-se a herança a seus herdeiros legítimos. Ocorrerá outro tanto quanto aos bens que não forem compreendidos no testamento. Também subsiste a sucessão legítima se o testamento caducar, ou for julgado nulo (art. 1.788).

É possível, porém, que mesmo sendo sucessão testamentária, isto é, havendo testamento válido, seja ela mista, vigorando a última vontade do "de cujus" e os direitos legítimos dos herdeiros necessários, o testador poderá dispor da metade de seus bens (art. 1.789). Assim sendo, um cidadão está impedido de deserdar seus filhos, deserdando-os totalmente.

1.5. Direitos sucessórios dos companheiros

Houve por bem o Código Civil apresentar os companheiros como sucessores. O projeto inicial do novo código não houvera previsto esta questão pois não fora ainda regulamentada a união estável. A inclusão teve que ser feita de forma açodada e vencendo barreiras várias, razão porque não estão os companheiros incluídos na ordem da vocação hereditária, mas logo no primeiro capítulo. O código não diz que eles são herdeiros mas que "participarão da sucessão"; sob o ponto de vista verbal, a companheira é uma participante da herança mas não herdeira. Todavia, seja qual for a designação, a companheira é na prática herdeira. Seja qual for a designação, o companheiro ou a companheira são herdeiros, pelo que vê no art. 1.790.

A companheira ou companheiro participarão da sucessão do outro, quanto aos bens adquiridos onerosamente na vigência da união estável: é o que diz o art. 1.790. Esses direitos sucessórios já constavam da legislação regulamentadora da união estável. Não é novidade legislativa portanto, mas expressa muita lógica; a união estável é um tipo de casamento, e está regulamentado pela lei. Não teria sentido negar direitos sucessórios a quem vive sociedade conjugal reconhecida pela lei.

É possível porém que um dos companheiros tenha filhos de outra relação conjugal. Nesse caso, ao sobrevivente tocará a metade do que couber a cada um desses filhos. A companheira, nesse caso, terá como se fosse a meação.

Se o companheiro falecido não tiver descendentes (filhos, netos, bisnetos, etc.) mas outros parentes sucessíveis, sua companheira terá direito a 1/3 da herança. Nesse caso, não será correspondente à meação, mas parcela menor, se houver só um parente, igual se houver dois e maior se houver três ou mais.

Na hipótese de o "de cujus" não ter descendentes, ascendentes, colaterais, ou qualquer outro parente sucessível, sua companheira ficará com toda a herança.

Todavia, será conveniente relevar o que diz o art. 1.787: "a lei que regula a sucessão é a vigente ao tempo da abertura dela". O Código Civil entrou em eficácia no dia 11 de janeiro de 2003 e portanto só as sucessões abertas a partir desse dia estarão regidas pelo art. 1.790. Contudo direitos sucessórios já tinham sido previstos pela legislação regulamentadora da união estável.

2. DA HERANÇA E DE SUA ADMINISTRAÇÃO

2.1. A abertura da sucessão
2.2. O lugar da abertura
2.3. A passagem aos herdeiros

2.1. A abertura da sucessão

A morte de uma pessoa produz, como efeito imediato, a abertura da sucessão. Quem morre sempre deixa algum bem ou algum direito, que, de imediato deva passar ao seu sucessor. Há um conhecido adágio romano, dizendo que a morte põe fim a tudo (mors omnia solvit). Se um réu estiver sendo julgado por um crime e vier a falecer, o processo deverá ser extinto, em decorrência de sua morte. Se esse princípio vigora para o Direito Penal, não terá o mesmo efeito para o Direito das Sucessões. Muito ao contrário, é após a morte de uma pessoa que surgem os direitos hereditários, pois não há herança de pessoa viva (viventis nulla hereditas). Realmente, é na abertura da sucessão que nasce o direito hereditário.

Vemos então que a morte é a causa da abertura da sucessão (causa mortis), pois põe fim à existência da pessoa física. Por essa razão, a abertura do processo sucessório deverá apresentar como documento imprescindível o atestado de óbito do "de cujus". O atestado de óbito é um documento público, passado pelo Oficial de Registro Civil de Pessoas Naturais, que, por sua vez, só registrará o óbito, mediante atestado passado por médico juridicamente competente. Assim sendo, só quem pode dizer que alguém morreu é o médico, sendo vedada essa competência à justiça e outra autoridade. Nosso direito considera, pois, só a morte natural como causa da abertura da sucessão, não reconhecendo a "morte civil", instituto reconhecido pelo direito de alguns países, como a França. Observa-se, entretanto, a possibilidade da "ausência", a morte presumida, conforme falaremos depois. Podemos então considerar como doutrina o disposto no art. 456 do Código Civil italiano:

Apertura della sucessione	Abertura da sucessão
La sucessione si apre al momento della morte, nel luogo dell'ultimo domicílio del defunto.	A sucessão se abre no momento da morte, no lugar do último domicílio do falecido.

Portanto, a morte provoca a abertura da sucessão. O patrimônio do finado passa imediatamente aos seus sucessores, independente da aceitação destes, que talvez nem sequer estejam sabendo de seu investimento na posição de sucessor. Por isso, diz o art. 1.784 de nosso Código Civil, ao abrir o livro V – Do Direito das Sucessões:

"Aberta a sucessão, a herança transmite-se, desde logo, aos herdeiros legítimos e testamentários".

Quanto ao momento, não se vêem dúvidas; num só momento ocorrem três fatos:
– A morte do "de cujus";
– A abertura da sucessão;
– A transmissão da herança.

2.2. O lugar da abertura

Também ficou claro o local da abertura da sucessão: no último domicílio do "de cujus". Nosso Código é igualmente preciso, a este respeito, no art. 1.785.

"A sucessão abre-se no lugar do último domicílio do falecido".

É relevante a consideração de que pode haver diversidade dos locais da morte e a abertura da sucessão; o "de cujus" poderá morrer num lugar e ter seu último domicílio em outro. Por exemplo, um importante empresário faleceu recentemente em Paris, mas era domiciliado em Londrina.

O afamado ator cinematográfico Grande Otelo, também faleceu recentemente em Paris, mas era domiciliado no Rio de Janeiro. Foi na comarca deles, de seu domicílio, que foi aberto o processo de inventário. O domicílio é o centro de interesses de uma pessoa; é a sua sede jurídica. É comumente o local em que se localizem seus bens. É ainda o local mais provável em que estejam domiciliados seus sucessores. É portanto bem evidente a conveniência desse critério.

Nesses termos, o processo de inventário deve ser empreendido na comarca em que estiver domiciliado o "de cujus", por ocasião de sua morte. Em São Paulo, a jurisdição está distribuída por varas distritais, situadas nos principais bairros. Correrá o processo de inventário na vara distrital em que estava domiciliado o "de cujus", ou, no fórum central, caso esteja localizado nos bairros próximos ao centro o domicílio do autor da herança.

2.3. A passagem aos herdeiros

Como disse o art. 1.784, aberta a sucessão, a herança transmite-se, desde logo, aos herdeiros legítimos e testamentários. Essa transmissão imediata torna-se necessária, senão o patrimônio do "de cujus", até que seu sucessor seja inserido nos direitos, será uma "res delerictae" (coisa abandonada) e qualquer um poderá apoderar-se dele. A imediata transmissão da herança é inovação do direito moderno, oriunda do direito francês, com o instituto da "saisine" (posse de bens), segundo o princípio "Le mort saisit le vif" (o morto projeta-se no vivo).

Pela "saisine", o herdeiro adquire os direitos de propriedade, pela morte do autor da herança, sendo-lhe facultada a luta pela posse, já que esta é um estado de fato. Necessário se apresenta a capacidade do herdeiro, que é um pouco diferente da capacidade jurídica. Nem toda pessoa capaz civilmente pode ter capacidade de herdar, como é o caso do indigno. O indigno é uma pessoa legalmente impedida de herdar, por ter cometido ofensa grave ao autor da herança. É pessoa incapacitada de herdar, embora possa ser capaz para os atos da civil. Por outro lado, uma pessoa juridicamente incapaz poderá não ter qualquer impedimento legal para a herança: tem pois capacidade sucessória.

A capacidade para suceder é a do tempo da abertura da sucessão, que se regulará conforme a lei então em vigor.

A aptidão da pessoa, para receber a herança deixada pelo "de cujus", implica em que ela esteja viva, senão os direitos sucessórios transmitir-se-ão aos herdeiros. Por exemplo: morre o autor da herança, deixando um filho, que herdará o patrimônio; mas, se este filho estiver morto, a herança passará aos netos. Uma hipótese do incapaz civilmente e que poderá adir a herança é o nascituro; já estando concebido comprovadamente, o nascituro será um herdeiro póstumo. Vamos ainda repetir que uma pessoa jurídica tem capacidade para suceder, embora só possa ser herdeira testamentária. É o que ocorre com as fundações, sendo que o nosso Código prevê até mesmo que a herança seja destinada, por testamento, a uma pessoa jurídica a ser criada, ainda não existente.

O "de cujus" poderá ter um só herdeiro e nesse caso a herança lhe será deferida totalmente. Poderá ainda ter vários herdeiros, quer legítimos, quer testamentários; nesta hipótese, "a herança defere-se como um todo unitário, ainda que vários sejam os herdeiros (art. 1.791).

A herança permanece como um todo unitário, indivisível, até a partilha, quando então será fracionada e dividida entre os herdeiros. O direito dos co-herdeiros quanto à propriedade e posse da herança será indivisível. Eles não são donos da herança mas "co-donos" (cum dominium), razão porque se aplicam a ela as normas relativas ao condomínio. Também não é ele herdeiro mas co-herdeiro.

O herdeiro não responde por encargos superiores às forças da herança; incumbe-lhe, porém, a prova do excesso, salvo se houver inventário que a escuse, demonstrando o valor dos bens herdados (art. 1.792). A este respeito, será conveniente analisarmos o conceito de patrimônio: é o conjunto de bens e direitos, bem como obrigações pertencentes a uma pessoa. É constituído pelo ativo e pelo passivo. O herdeiro recebe o patrimônio do "de cujus", constituído de bens e direitos, ou seja, o ativo, e o passivo, assim considerados as obrigações e as dívidas.

É possível porém que o passivo suplante o ativo, com mais débitos do que créditos, neste caso o herdeiro terá recebido um "presente de grego". Poderá então renunciar à herança, livrando-se desses encargos. Os credores da herança poderão executá-la ou até requerer a falência do espólio, de acordo com a Lei de Falência. O que não poderá fazer o herdeiro é aceitar só o ativo, rejeitando o passivo. Terá que aceitar a herança em bloco, ou como diz o art. 1.791: "como um todo unitário".

A herança é um bem disponível: pode ser aceita ou não e, se for aceita, pode ser transferida. O direito à sucessão aberta, bem como o quinhão de que disponha o co-herdeiro, pode ser objeto de cessão por escritura pública. Terá que ser por escritura pública, porque a herança é considerada legalmente um bem imóvel, ainda que seja constituída só de bens móveis. Não poderá o herdeiro transferir só algum bem pertencente à herança, mas ela como todo unitário. Não sabe ele quais os bens que lhe tocarão na partilha; sabe apenas qual é a sua parcela da herança. Poderá então dispor dessa parcela.

Pode o herdeiro dispor do seu direito à sucessão aberta ou do quinhão que lhe couber, de várias maneiras. Poderá vendê-los e nesse caso será "cessão de direitos hereditários", ou transferi-los a título gratuito, que será "doação de direitos hereditários". Essa transferência a título gratuito ou oneroso será da herança tal qual se encontra no momento da transferência. Não abrangerá direitos conferidos posteriormente ao herdeiro em conseqüência de substituição ou de direito de acrescer.

Regra causadora de ampla análise é estabelecida pelo § 3º, parecendo chocar-se com o § 2º. Diz o § 3º que "ineficaz é a disposição sem prévia autorização do juiz da sucessão, por qualquer herdeiro, de bem componente do acervo hereditário, pendente a indivisibilidade", enquanto o § 2º diz ser ineficaz a transferência de "qualquer bem da herança considerado individualmente".

Afinal de contas pode ou não pode? Vamos achar resposta lógica e adequada à pergunta. Como regra geral, não pode, como diz o § 2º. Contudo, haverá exceção, se contar com a autorização do juiz, ao sabor do § 3º; nesse caso, pode. Aplica-se freqüentemente ao direito o brocardo italiano: "proibire l'abuso à consagrare l'uso" = proibir o abuso é consagrar o uso. Se a lei proíbe a venda sem autorização do juiz, conclui-se que a lei permite a venda com autorização do juiz. Há outro aspecto, de natureza vocabular: diz o § 2º "ser ineficaz a cessão", e o § 3º "ineficaz é a disposição". Não se sabe ainda com que sentido usou o § 2º o termo "cessão", mas no rigorismo vocabular que às vezes é exigido no Direito, há diferença entre "cessão" e "disposição". Dispor de uma coisa é liberá-la de qualquer maneira: a título gratuito (doação) e a título oneroso (cessão ou venda). Ficará a cargo de nossos tribunais a interpretação desse termo.

O co-herdeiro não poderá ceder a sua quota hereditária a pessoa estranha à sucessão, se outro co-herdeiro a quiser, tanto por tanto (art. 1.794). Vigoram os princípios e normas orientadoras do condomínio; um condômino tem preferência na aquisição da quota de outro condômino; portanto, um herdeiro tem preferência assegurada legalmente, na aquisição da quota pertencente a outro.

Deve pois um condômino que desejar ceder sua quota a outra pessoa, oferecê-la aos demais condôminos. O co-herdeiro a quem não se der conhecimento da cessão, poderá depositar em juízo o preço da quota vendida a estranho e requerer a adjudicação dela, no prazo de 180 dias. Procura-se assim evitar o ingresso de estranhos na "sociedade hereditária", pois, quanto maior o número de herdeiros maior será a possibilidade de conflitos. Essa exigência legal é de inafastável aplicação a qualquer transferência de direitos hereditários de algum bem componente da herança "pro indiviso". Se houver vários co-herdeiros e todos quiserem adquirir a quota, será ela distribuída na proporção das respectivas quotas hereditárias.

Como se aplicam subsidiariamente a esta questão as normas referentes ao condomínio, somos de parecer de que caso não haja co-herdeiros, deva ser a quota oferecida ao cônjuge-meeiro, que ficará com o total, evitando entrada de estranho à sucessão.

Vamos falar sobre a administração da herança. Não pode o patrimônio do "de cujus" ficar ao léu. Há necessidade de que alguém o assuma e se encarregue de sua preservação: é o inventariante. No prazo de trinta dias a contar da abertura da sucessão, instaurar-se-á inventário do patrimônio hereditário, perante o juízo competente no lugar da sucessão, para fins de liquidação e, quando for o caso, de partilha da herança (art. 1.796). A respeito do inventário e do inventariante, faremos análise mais aprofundada no Capítulo 22. Na abertura da sucessão o juiz nomeará o inventariante, que deverá assumir imediatamente o encargo.

Até o compromisso do inventariante, a administração da herança caberá ao cônjuge ou companheiro, se com o outro convivia ao tempo da abertura da sucessão (art. 1.797). Interessante notar que o código fala em "cônjuge ou companheiro", fazendo portanto distinção entre um e outro. Ambos porém terão os mesmos direitos e obrigações. Se o "de cujus" era viúvo, a administração da herança caberá ao herdeiro que estiver na posse e administração dos bens, e, se houver mais de um nessas condições, ao mais velho. Se houver testamento, será o testamenteiro. Se não houver pessoa nas condições acima descritas, ou, se houver, esta renunciar ou ser impedida, o juiz nomeará pessoa de sua confiança.

3. DA ACEITAÇÃO E RENÚNCIA DA HERANÇA

3.1. Da aceitação da herança
3.2. Tipos de aceitação
3.3. Incondicionalidade da aceitação
3.4. Transmissão aos sucessores
3.5. Da renúncia
3.6. Conseqüências da renúncia
3.7. Da petição de herança

3.1. Da aceitação da herança

Surge a herança pela morte de seu autor, sem que possa haver interferência do herdeiro. Será até mesmo imoral cogitar-se da herança de pessoa viva. A posição de herdeiro é, em princípio, passiva. Essa posição é prevista pelo art. 458 do Código Civil italiano, que fulmina com a nulidade arreglos nesse sentido:

Diveto di patti succesori	Proibição de pactos sucessórios.
È nulla ogni convenzione com cui taluno dispone della propria sucessione. È del pari nullo ogni atto col quale taluno dispone dei diritti che gli possono spettare su una successione non ancora aperta, o rinuncia ai medesimi.	É nula toda convenção com que alguém dispõe sobre a própria sucessão. É igualmente nulo todo ato com o qual alguém dispõe dos direitos que lhe possam ser atribuídos sobre uma sucessão não ainda aberta, ou renúncia aos mesmos.

A herança é então oferecida ao herdeiro; é-lhe atribuída sem que ele a tenha reclamado. Por essa razão, a herança poderá por ele ser recusada ou aceita, ou por lhe causar malefícios ou por não lhe interessar. Oferecem-se a ele dois atos à sua opção: a aceitação e a renúncia. A aceitação é o ato jurídico unilateral, mediante o qual o herdeiro se manifesta no sentido de confirmar a transmissão da herança que lhe foi atribuída por força da lei (ex-vi legis). Com a aceitação, consolidam-se os direitos de propriedade do herdeiro sobre o patrimônio deixado pelo falecido. A aceitação não cria os direitos hereditários, pois eles são anteriores a ela, mas, por outro lado, implica na sujeição do herdeiro às obrigações concernentes à sua condição. Como sucessor, ele é o continuador do "de cujus"; as obrigações por este deixadas são assumidas pelo herdeiro, em vista da aceitação.

3.2. Tipos de aceitação

A aceitação da herança pode ser expressa ou tácita; a renúncia, porém, deverá constar, expressamente, de escritura pública, ou termo judicial. É expressa a aceitação, quando se faz por declaração escrita; tácita, quando resulta de atos compatíveis somente com o caráter de herdeiros. Não exprimem aceitação da herança os atos oficiosos, como o funeral do finado, os meramente conservatórios, ou os de administração e guarda provisória (art. 1.805). Trata-se de uma manifestação de vontade, um ato jurídico formal, pois deve ser por escrito.

Não é muito comum a aceitação expressa, porquanto a tácita não exige formalidade especial e revela-se nos próprios atos necessários para o herdeiro exercer os direitos sucessórios. Se ele requerer abertura de inventário, manifesta expressamente sua vontade de herdar. No próprio requerimento deve ele indicar quem são os herdeiros e, declarando seu nome, manifestar sua aceitação. Está agindo como herdeiro, praticando atos próprios dessa condição. Se ele aluga um imóvel do espólio, manda reformar uma casa, exige pagamento de dívidas para com o "de cujus", pratica atos próprios de herdeiro e, por isso, presume-se que o seja. Não se configuram entre atos próprios de herdeiros comparecer ao enterro, receber pêsames, providenciar o enterro do "de cujus", guardar na garagem um carro que tenha deixado na rua, receber correspondência ao "de cujus" e outros semelhantes. Estes são atos oficiosos, ou se destinam a conservar bens do espólio, que devem ser praticados por qualquer pessoa dotada de sensibilidade humana.

Não importa igualmente aceitação a cessão gratuita, pura e simples, da herança, aos demais co-herdeiros (art. 1805). Assim, por exemplo, um filho, que se encontrava em companhia do pai quando este faleceu, entrega aos demais filhos vários componentes do espólio; como roupas, móveis, jóias, dinheiro. Não praticou atos peculiares de herdeiro. Se ele fica com algum objeto para si, terá praticado ato compatível com a qualidade de herdeiro, pois avocou a si direitos de propriedade de bens da herança. A aceitação de um bem, implica em ser colocado na posição de herdeiro, por não haver aceitação parcial.

3.3. Incondicionalidade da aceitação

Não se pode aceitar ou renunciar à herança em parte, sob condição ou a termo; mas o herdeiro, a quem se testaram legados, pode aceitá-los, renunciando à herança, ou aceitando-a, repudiá-los (art. 1.808). Não é possível, pois, aceitar certos bens e recusar outros; ou se os aceita em bloco ou se os recusa em bloco, uma vez que a herança é indivisível. Nem se poderá impor condições ao aceitar a herança, nem subordinar a aceitação a termos, como por exemplo, com direito a revogação. É irrevogável a decisão de aceitá-la; uma vez herdeiro, sempre herdeiro (semel heres, semper heres). É impossível renunciar à herança, mas não à aceitação dela. Contudo, como ato jurídico, a aceitação pode ser anulada, caso haja vício de consentimento. É o caso de um herdeiro que tiver aceito a herança sob coação; poderá ele empreender judicialmente a revogação.

O potencial herdeiro pode ser pressionado a declarar se aceita ou não a herança, por qualquer interessado nesse pronunciamento, como um credor do falecido. O interessado em que o herdeiro declare se aceita ou não a herança poderá 20 (vinte) dias depois de aberta a sucessão requerer ao juiz prazo razoável não maior de 30 (trinta) dias, para, nele, se pronunciar o herdeiro, sob pena de se haver a herança por aceita (art. 1.807). É a "actio interrogatoria" (ação interrogatória), pela qual o interessado requer judicialmente a manifestação; presume-se aceita a herança se não houver pronunciamento. É a "aceitação presumida", um tipo de aceitação tácita. Baseia-se no princípio de que o silêncio faz presunção de aceitar: "Qui tacet, si loqui debuisset et potuisset, consentire videtur" (Quem cala, se deve e pode falar, presume-se consentir).

3.4. Transmissão aos sucessores

A faculdade da aceitação transmite-se aos sucessores do herdeiro, caso este venha a falecer antes da aceitação, por um "jure successionis" (direito de sucessão). Falecendo o herdeiro, antes de declarar se aceita a herança, o direito de aceitar passa-lhe aos herdeiros, a menos que se trate de instituição adstrita a uma condição suspensiva, ainda não verificada (art. 1.809). Nesse caso, cabe aos sucessores do herdeiro falecido aceitar ou não a herança. A possibilidade de condição suspensiva existe no caso de testamento, uma vez que a condição suspensiva bloqueia a aquisição do direito, e, este não foi adquirido, não podendo então ser transmitido.

3.5. Da renúncia

Da mesma forma da aceitação, a renúncia é um ato jurídico unilateral e formal. Por ela, o herdeiro manifesta a sua vontade de não aceitar a herança, mantendo-se estranho à sucessão aberta. Como, na renúncia, o herdeiro abre mão de direitos sucessórios, essa manifestação de vontade deve ser revestida de maiores formalidades. Segundo o art. 1.806, deve constar, expressamente, de escritura pública, ou termo judicial. Não só as formalidades são requisitos "ad substancia" da renúncia, mas também a capacidade jurídica do herdeiro renunciante, já que se considera um ato de disposição patrimonial. Se o renunciante for casado, necessário se torna a outorga do outro cônjuge.

Não poderá porém o herdeiro usar a renúncia como fraude a seus credores. Quando o herdeiro prejudicar credores, renunciando à herança, poderão eles, com autorização do juiz, aceitá-la em nome do renunciante. Nesse caso, e depois de pagar as dívidas do renunciante, o remanescente será devolvido aos outros herdeiros (art. 1.813). Por exemplo, um herdeiro tem dívidas para com vários bancos, vencidas e não pagas; para evitar que esses bancos executem seus créditos, pedindo a penhora dos bens da herança, o herdeiro-devedor renuncia a ela, deixando seus débitos sem garantia. Nesse caso, os credores requererão à justiça a abertura de inventário e a nomeação deles como herdeiros. Em seguida, promoverão a venda dos bens do espólio, solucionando seus créditos. Se sobrar dinheiro, ficará este no espólio, à disposição de potenciais herdeiros.

Pode ocorrer a renúncia em outros aspectos, com manifesta intenção de fraudar credores: o herdeiro é um empresário individual e tem sua falência decretada. Seus bens formam então uma "universitas juris" (universalidade de direito), denominada "massa falida". Caso esse empresário falido seja herdeiro, sua parte na herança será arrecadada, para compor a massa de bens que garantirão os credores da falência. Entretanto, o herdeiro-falido renuncia à herança, impedindo que os bens que a compõem entrem para seu patrimônio, desfalcando as garantias para os créditos, em flagrante fraude aos credores. Neste caso, a renúncia à herança é ineficaz em relação à massa falida e os bens da herança deverão ser arrecadados para a formação da massa. Essas disposições constam do art. 52-V de nossa Lei Falimentar (Decreto-lei nº 7.661/45).

Se o herdeiro não pode prejudicar credores, não pode também ser prejudicado por aceitar a herança. A responsabilidade do herdeiro vai até o limite dos benefícios que ela lhe traz. O herdeiro não responde por encargos superiores à força da herança; incumbe-lhe, porém, a prova do excesso, salvo se existir inventário, que a excuse, demonstrando o valor dos bens herdados. O herdeiro recebe em sucessão todo o patrimônio do "de cujus", mas o patrimônio não se constitui apenas do ativo, mas também do passivo. Pagará ele as dívidas desse patrimônio, sacrificando-o até ficar reduzido a zero. Se as dívidas ultrapassarem o ativo do patrimônio, não será justo exigir que o herdeiro sacrifique seus bens pessoais. Estariam então sendo exigidas dele forças além da herança (ultra vires hereditatis).

3.6. Conseqüências da renúncia

A renúncia faz com que o renunciante deixe de ser herdeiro, afastando seus sucessores (como seus filhos). Ninguém pode suceder representante herdeiro renunciante. Se, porém, for ele o único legítimo de sua classe, ou se todos os outros da mesma classe renunciarem à herança, poderão os filhos vir à sucessão, por direito próprio, e por cabeça (art. 1.811). Todavia, se o herdeiro renunciante for o único de sua classe ou todos os herdeiros renunciarem, a herança ficará em aberto e só lhe resta ser incorporada ao patrimônio público, em prejuízo dos filhos do renunciante. Assim sendo, poderão eles reclamar a herança para si, por direito próprio.

Como ficará então a herança, ante a renúncia de um herdeiro? Virá a renúncia em benefício dos demais. Na sucessão legítima, a parte do renunciante acresce à dos outros herdeiros da mesma classe e, sendo ele o único desta, devolve-se aos da subseqüente (art. 1.810). Falece um pai, deixando dois filhos: se um deles renuncia, a herança ficará para o outro herdeiro. Se o "de cujus" tiver três filhos e um deles renuncia, a herança ficará totalmente para os outros dois, metade para cada um.

Houvéramos visto que o renunciante não pode retratar-se, a menos que a renúncia resulte de coação. Da mesma forma, se houver vícios de consentimento que impliquem em anulação de atos jurídicos. É retratável a renúncia, quando proveniente de violência, erro, ou dolo, ouvidos os interessados. A renúncia é um ato jurídico unilateral e formal, provocando sérios efeitos jurídicos. Se for inquinada por defeito grave, poderá o prejudicado requerer judicialmente sua anulação.

A transmissão tem-se por não verificada quando o herdeiro renunciar à herança; é conseqüência da renúncia. Aceita a herança, torna-se definitiva a sua transmissão ao herdeiro, desde a abertura da sucessão (art. 1.804).

São irrevogáveis os atos de aceitação ou de renúncia da herança, mas poderá ser ela anulada. Se o herdeiro renunciar à herança e com isso prejudicar seus credores poderão estes aceitá-la em nome do renunciante, com aprovação do juiz. A habilitação dos credores deve ser feita no prazo de trinta dias, seguintes ao conhecimento da renúncia. Se as dívidas tiverem sido pagas, e sobrar a herança, a renúncia prevalecerá, sem possibilidade de retratação do renunciante. As sobras serão destinadas aos demais herdeiros.

3.7. Da petição da herança

Nosso Código Civil trouxe-nos inovação em capítulo denominado "Da petição de herança", nos arts. 1.824 a 1.828. Como não constava anteriormente em nosso direito, acreditamos que tenha sido por causa de fatos que obrigaram sua previsão. Ocorre quando alguém que se julga herdeiro e ficou fora da sucessão por qualquer motivo, irá reclamar a sua parte, desde que possa comprovar os direitos que se atribui.

O herdeiro pode, em ação de petição da herança, demandar o reconhecimento de seu direito sucessório, para obter a restituição da herança, ou de parte dela, contra quem na qualidade de herdeiro, ou mesmo sem título, a possua (art. 1.824). Por que estaria esse herdeiro marginalizado da herança? Não se sabe, mas poderá ser por muitos motivos. Poderá ele desconhecer seus direitos e só posteriormente soube deles; poderia estar ausente no momento da abertura das sucessão; poderá ter sido vítima de fraude ou de coação impedindo-o de manifestar-se; poderia ser filho do "de cujus" havido fora do casamento e só depois ficou sabendo de sua origem.

Seja lá qual for o motivo de sua ausência, poderá ele a qualquer momento entrar com ação de petição de herança; esta ação, ainda que exercida por um só dos herdeiros, poderá compreender todos os bens hereditários (art. 1.825). Esta ação será contra o herdeiro aparente, como o inventariante, que poderá estar legitimamente na posse da herança. O possuidor da herança está obrigado à restituição dos bens do acervo. A partir da citação, a responsabilidade do possuidor será aferida pelas regras concernentes à posse de má-fé e à mora (art. 1.826).

O herdeiro pode demandar os bens da herança mesmo em poder de terceiros, sem prejuízo da responsabilidade do possuidor originário pelo valor dos bens alienados. São eficazes as alienações feitas a título oneroso, pelo herdeiro aparente a terceiro de boa-fé (art. 1.827). Demandar tem o sentido de pedir; petição é termo originado do verbo latino "petire" = pedir. O herdeiro pede o reconhecimento de seus direitos sucessórios sobre a herança. Sua pretensão independe de a herança estar na posse de outrem, legítima ou não legítima, mas é um direito que lhe cabe sobre ela. O possuidor da herança pode ser de boa-fé, mas será de má-fé se retê-la após ter sido citado para os termos da ação de petição de herança.

O herdeiro aparente, que de boa-fé houver pago um legado, não está obrigado a prestar o equivalente ao verdadeiro sucessor, ressalvado a este o direito de proceder contra quem o recebeu (art. 1.828). Digamos que Ulpiano tenha falecido e deixado a herança a seus herdeiros, mas não tinha filhos, nem pais, nem irmãos. Era viúvo. Seu tio, Gaio, foi nomeado inventariante e aparecia como provável sucessor. Surge então Modestino, provando ser filho de Ulpiano, havido fora do casamento, mas reconhecido por ele. Modestino irá reclamar toda a herança e Gaio será obrigado a retirar-se da sucessão, entregando a herança a Modestino. Entretanto, Gaio entregou uma casa a Papiniano, que lhe fora deixada como legado por Ulpiano, indevidamente. Não houve má-fé de Gaio e por isso não está ele obrigado a ressarcir Modestino. Cabe porém a Modestino reclamar essa casa junto a Papiniano.

4. DA HERANÇA JACENTE

4.1. Conceito
4.2. A arrecadação da herança jacente
4.3. Da herança vacante

4.1. Conceito

Considera-se herança jacente (hereditas jacens) aquela em que não aparecem herdeiros, ou não são conhecidos. É uma herança aguardando seus herdeiros. Não havendo testamento, a herança é jacente e ficará sob a guarda, conservação e administração de um curador:

I – se o falecido não deixar cônjuge, nem herdeiros, descendente ou ascendente, nem colateral sucessível, notoriamente conhecido;

II – se os herdeiros, descendentes ou ascendentes, renunciarem à herança, e não houver cônjuge, ou colateral sucessivo, notoriamente conhecido (art. 1.819).

A primeira hipótese de herança jacente é na sucessão sem testamento, porquanto, quando houver testamento, os critérios serão outros. Havendo testamento, observar-se-á o disposto no artigo antecedente:

I – se o falecido não deixar cônjuge, nem herdeiros descendentes ou ascendentes;

II – se o herdeiro nomeado não existir, ou não aceitar a herança;

III – se, verificada alguma das hipóteses dos três números anteriores, não houver testamenteiro nomeado, o nomeado não existir, ou não aceitar a testamentária.

Por um princípio bem repisado, a herança não pode ficar sem dono, sem um titular, ainda que seja provisório ou precário. É preciso que alguém a defenda e se responsabilize por ela, para que não haja o perecimento de um patrimônio, de uma riqueza produzida pelo trabalho do "de cujus" e pela colaboração da sociedade. Cabe então ao Estado, em nome da sociedade, assumir esse encargo, mesmo porque, se for constatada total ausência de sucessores, é ao próprio Estado que esse patrimônio será revertido.

A herança jacente é um conjunto de bens, em estado transitório, administrado pelo Poder Público, e reservado a potenciais herdeiros, até que esses se apresentem. Essa expressão "notoriamente conhecido" não estabelece as características exigidas; notório e conhecido são termos sinônimos: manifesto, evidente, patente, ou seja, conhecido de todos. Entende-se pois que esse herdeiro seja plenamente identificado, tido e sabido como ligado ao "de cujus". Como a causa da herança jacente é a incerteza quanto à existência de herdeiros, o herdeiro notoriamente conhecido é o que apresenta a certeza de sua condição de herdeiro.

4.2. A arrecadação da herança jacente

Não sendo requerido o inventário, pois que não se revelaram herdeiros interessados no patrimônio de quem faleceu, cabe ao Estado assumir esse patrimônio e administrá-lo, provisoriamente, por um "curador", também chamado, em São Paulo, de "curador de resíduos". Essas medidas estão relatadas em nosso Código de Processo Civil, nos arts. 1.142 a 1.158, formando um capítulo com a mesma denominação que lhe dá o Código Civil: "Da Herança Jacente".

Nos casos em que a lei civil considere jacente a herança, o juiz, em cuja comarca tiver domicílio o falecido, procederá à arrecadação de todos os seus bens (art. 1.142). A herança jacente ficará sob a guarda, conservação e administração de um curador até a respectiva entrega ao sucessor legalmente habilitado, ou até a declaração de vacância; caso em que será incorporada no domínio da União, do Estado ou do Distrito Federal (art. 1.143). Há reclamações de prefeitos, alegando que um imóvel situado em um município deveria pertencer a esse município. Por exemplo, um imóvel situado em Presidente Prudente, bem longe da capital do Estado de São Paulo, seria melhor administrado e aproveitado pela Prefeitura, do que pela União ou pelo Estado.

O curador da herança jacente, nomeado pelo juiz, será o responsável pela herança, representando-a em juízo ou fora dele, com assistência do órgão do Ministério Público, tendo em boa guarda e conservação os bens arrecadados, e promovendo a arrecadação de outros existentes, executando as medidas conservatórias dos direitos da herança, apresentando mensalmente ao juiz um balancete da receita e da despesa. Deverá prestar contas ao final de sua gestão.

4.3. Da herança vacante

Há diferença entre herança jacente e herança vacante. Na jacente, não há certeza quanto à existência ou não de herdeiros e por isso é um estado transitório da herança. Na vacante, o Poder Público já tentou localizar herdeiros e trazê-los à herança, sem resultado positivo. Nesse caso, a vacância é um estado definitivo. Serão declarados vacantes os bens da herança jacente, se, praticadas todas as diligências legais, não aparecerem herdeiros. Esta declaração não se fará senão 1 (um) ano depois de concluído o inventário (art. 1.820). A jacência, como se vê, é uma fase preambular da vacância.

Ainda na herança jacente, após ser feita a arrecadação, passado o prazo de um ano da conclusão do inventário, o juiz determinará a publicação de edital, convocando os possíveis herdeiros para que se habilitem à herança, dando-lhes o prazo de seis meses. Não se apresentando interessados, ou se não forem aceitos os que se apresentarem, a herança jacente será convolada em vacante. A vacância será declarada por sentença judicial. A declaração de vacância da herança não prejudicará os herdeiros que legalmente se habilitarem; mas, decorridos 5 (cinco) anos da abertura da sucessão, os bens arrecadados passarão ao domínio do Município, ou do Distrito Federal, se localizados nas respectivas circunscrições, ou se incorporarão ao domínio da União quando situados em território federal. Se não forem notoriamente conhecidos, os colaterais ficarão excluídos na sucessão legítima, após a declaração de vacância (art. 1.822).

Procura a lei resguardar direitos de herdeiros, que por qualquer motivo não se tenham apresentado. Mesmo que tenha sido transitada em julgamento a sentença que declarou a vacância, o cônjuge, os herdeiros e os credores poderão reclamar o seu direito por ação direta. Entretanto, passados cinco anos, os bens serão incorporados ao domínio público, não mais sendo possível a reversão. Decai então o direito dos herdeiros. Pelo Decreto-lei n.º 8.207/45, os bens arrecadados deverão obrigatoriamente ser destinados ao desenvolvimento do ensino universitário e o Ministério Público velará por essa aplicação.

5. DOS EXCLUÍDOS DA SUCESSÃO

5.1. Capacidade sucessória
5.2. A indignidade
5.3. Reabilitação do indigno

5.1. Capacidade sucessória

Eis aqui um problema de capacidade. Distingue-se bem a capacidade civil da capacidade para suceder. A capacidade civil é a aptidão de uma pessoa, para praticar atos da vida civil. A capacidade sucessória, porém, não exige a capacidade civil. Nem tampouco, só por ter capacidade civil, uma pessoa é capaz de suceder, ou seja, receber herança. A capacidade sucessória é aquela que não sofre restrições legais, sendo pois a regra geral, e a incapacidade, uma exceção prevista em lei.

Por essa razão, a lei declara taxativamente os casos de indignidade. Ficaram portanto bem definidas, nos três incisos do art. 1.814, que constituem "numerus clausus", as causas de possível exclusão ao direito sucessório. Embora a doutrina dê o nome de indignidade, a lei ainda conserva o nome de "exclusão", e, em vez de "indigno", prefere "excluído". São as seguintes as incidências previstas pelo art. 1.814.

São excluídos da sucessão os herdeiros e legatários:

I – que houverem sido autores ou cúmplices em crime de homicídio ou tentativa deste, contra a pessoa de cuja sucessão se trata, seu companheiro, cônjuge, ascendente ou descendente;

II – que a acusaram caluniosamente em juízo, ou incorreram em crime contra a sua honra, ou de seu cônjuge ou companheiro;

III – que, por violência ou fraude, a inibiram de livremente dispor dos seus bens em testamento ou codicilo, ou lhe obstaram a execução dos atos de última vontade.

5.2. A indignidade

Examinaremos agora uma incapacidade artificial, denominada indignidade, embora haja muitas diferenças entre a indignidade e a incapacidade propriamente dita. A indignidade é a privação legal do direito hereditário ao potencial herdeiro que tenha cometido certos atos ofensivos à pessoa, à honra ou aos interesses do autor da herança. É a exclusão da sucessão, prevista na lei, em vista de comportamento de um possível herdeiro.

Há entretanto três aspectos necessários para que se produza a indignidade: comportamento do indigno – causa prevista na lei – decisão judicial. O indigno é colocado nessa posição de forma semelhante à de um ausente ou interdito: após um processo judicial específico. A exclusão do herdeiro, ou legatário, em qualquer desses casos de indignidade, será declarada por sentença, em ação ordinária, movida por quem tenha interesse na sucessão (art. 1.815).

A indignidade só é possível na sucessão legítima, mas o testamento poderá modificá-la. Por exemplo, um potencial autor da herança requer a indignidade de seu filho, que é decretada. Posteriormente, deixa em testamento certos bens para ele; esse testamento é válido e eficaz, embora o herdeiro testamentário seja indigno na sucessão legítima.

Ao ser banido da sucessão, herdeiro excluído é obrigado a restituir os frutos e rendimentos que dos bens da herança houver percebido (art. 1.817). A indignidade produz então várias conseqüências e com efeito retroativo. A sentença declaratória da indignidade produz efeitos "ex tunc", atingindo as vantagens que o indigno tenha auferido desde o momento em que se abriu a sucessão.

A indignidade, porém, não atinge os herdeiros do herdeiro indigno. Por exemplo: o autor da herança excluiu dela seu filho; seus netos contudo não são atingidos. São pessoais os efeitos da exclusão. Os descendentes do herdeiro excluído sucedem, como se ele morto fosse (art. 1.816). Veremos depois que a morte de um herdeiro provoca a transferência, de seus direitos sucessórios, aos seus sucessores; assim acontece também com o excluído. Perderá ainda outros direitos. O excluído da sucessão não terá direito ao usufruto e à administração dos bens, que a seus filhos couberem na herança ou à sucessão eventual desses bens (art. 1.816). Vamos esclarecer com uma hipótese: Papiniano falece, deixando seu filho Modestino como herdeiro; mas, Modestino foi declarado indigno. Entretanto, Modestino tem dois filhos: Ulpiano e Paulo, que são os netos de Papiniano. Com a morte de Papiniano, seu filho Modestino não recebe a herança, por ser indigno. A indignidade, porém, não atinge os filhos de Modestino (Ulpiano e Paulo), que receberão a herança que cabe ao pai deles.

Digamos, todavia, que Ulpiano e Paulo recebem a herança, mas são de menor idade e não podem administrar seus bens, a não ser representados pelo pai. Nesse caso, Modestino não poderá agir em nome dos filhos, no tocante aos bens da herança. Haverá necessidade da nomeação de outra pessoa, para administrar os bens da herança, em nome de Ulpiano e Paulo. Bloqueia assim a lei quaisquer vantagens que possam advir a um indigno.

Por outro lado, o indigno que houver agido em benefício do espólio, deverá ser ressarcido, como aconteceria mesmo com pessoa estranha à herança. O herdeiro excluído terá direito a reclamar indenização por quaisquer despesas feitas com a conservação dos bens hereditários, e cobrar os créditos que lhe assistam contra a herança.

Por exemplo: o excluído paga as despesas médicas ou do enterro do "de cujus", ou paga impostos de imóveis sujeitos a multa. Terá ele o direito de cobrar essas despesas do espólio.

No que toca à administração dos bens da herança, a sentença declaratória da indignidade produz efeitos "ex nunc" e não "ex tunc". São válidas as alienações de bens hereditários, e os atos de administração legalmente praticados pelo herdeiro excluído, antes da sentença de exclusão; mas aos co-herdeiros subsiste, quando prejudicados, o direito a demandar-lhe perdas e danos (art. 1.817).

5.3. Reabilitação do indigno

O indivíduo incurso em atos que determinem a exclusão da herança, a ela será, não obstante, admitido, se a pessoa ofendida, cujo herdeiro ele for, o tiver reabilitado por ato autêntico, ou testamento (art. 1.818). A indignidade não se opera automaticamente; deve ser requerida pelo ofendido e decretada pelo juiz. Contudo, poderá a deserdação ser revogada pelo autor da sucessão, dispensando sentença judicial revogatória. Diz a lei que a resolução do ofendido poderá ser formalizada "por ato autêntico". Achamos pois que em instrumento público ou particular, formalizados de acordo com a lei, o autor da herança poderá perdoar seu ofensor, restituindo-lhe a condição de herdeiro.

O perdão poderá ser formalizado ainda em testamento, pois o testamento, conforme veremos no capítulo específico, não dispõe apenas sobre questões patrimoniais, mas sobre desejos de última vontade do testador. O perdão deve ser claro e específico e não presumível; o fato de o testador deixar um bem em legado ao indigno não faz presumir que o tenha perdoado.

Não havendo habilitação expressa, o indigno, contemplado em testamento do ofendido, quando o testador, ao testar, já conhecia a causa da indignidade, pode suceder no limite da disposição testamentária.

6. DA SUCESSÃO LEGÍTIMA

6.1. Os dois tipos de sucessão
6.2. A ordem da vocação hereditária
6.3. Deferência aos descendentes
6.4. A sucessão pelos ascendentes
6.5. Sucessão do filho havido fora do casamento
6.6. Sucessão pelo cônjuge sobrevivente
6.7. A sucessão no casamento de fato
6.8. Sucessão pelos colaterais
6.9. Sucessão pelo Estado
6.10. Direito de usufruto
6.11. Direito de habitação
6.12. Do direito de representação
6.13. Dos herdeiros necessários

6.1. Os dois tipos de sucessão

Há diversos tipos de sucessão, entre os quais se situam os da principal diferenciação: a legítima e a testamentária, às quais o Direito das Sucessões reserva um estudo especial e profundo.

A sucessão legítima, também chamada "ab intestato" (sem testamento) é a que não se submete ao desejo expresso pelo "de cujus", ou seja, em que não há testamento, ou este foi considerado nulo ou caduco. É a lei, então, que vai indicar quem sejam os sucessores; estes são distribuídos pela lei em algumas classes, para a aquisição da herança. Essa distribuição dos sucessores em várias classes, uma preferindo às outras, é chamada pela doutrina, e pelo nosso código, de "Ordem da Vocação Hereditária".

A sucessão testamentária tem como causa a vontade do autor da herança e não da lei. Ainda em vida, o potencial finado escolhe sucessores ou a ordem sucessória entre eles, preferindo uns e preterindo outros. A essa sucessão dedicaremos, após, um estudo também pormenorizado.

6.2. A ordem da vocação hereditária

Está ela exposta no art. 1.829, que defere a herança na seguinte ordem estabelecida:

I – aos descendentes, em concorrência com o cônjuge sobrevivente;
II – aos ascendentes, em concorrência com o cônjuge sobrevivente;
III – ao cônjuge sobrevivente;
IV – aos colaterais;

Vê-se então que a origem da vocação hereditária está distribuída em graus ou classes, uma eliminando as outras de preferência. Assim, a herança passa para os descendentes do falecido, eliminando-se as demais classes. Não havendo herdeiros da classe dos descendentes, são chamados à sucessão os ascendentes (art. 1.836). Por exemplo: Triboniano morre e sua herança passa para seus descendentes, ficando os ascendentes e demais graus privados dela; mas, se Triboniano não tiver descendentes, passa a herança aos ascendentes em concorrência com o cônjuge sobrevivente; se não houver descendente nem ascendente, ficará a herança para o cônjuge supérstite.

Nota-se ainda que a ordem da vocação hereditária obedece a um critério de vinculação familiar dos sucessores com o "de cujus". Destarte, considera os filhos como sendo o alvo dos planos de qualquer pai; na ausência de filhos, a vinculação maior de cada cidadão é com seus pais. Visa o Direito das Sucessões a fortalecer os laços familiares, preservando o patrimônio familiar. Fora do relacionamento familiar, vem apenas o Estado, seguindo a afirmação de Rui Barbosa, de que a pátria é a família amplificada.

6.3. Deferência aos descendentes

A primeira classe de herdeiros chamada a suceder é a dos descendentes, em concorrência com o cônjuge sobrevivente, que, por sua vez, também apresenta subclasses: filhos, netos, bisnetos, etc.

Os filhos são os primeiros: por isso se diz que eles sucedem "jure proprio" (próprio direito), por exercerem um direito que diretamente lhes pertence. Se o filho do falecido também já faleceu, deixando filhos, estes sucedem indiretamente ao avô. Não se trata de "jure proprio", entretanto, mas de "jure representationis". Por conseguinte, os netos sucedem ao avô, como sucederia o pai deles, se vivo estivesse.

Por conseqüência, haverá ainda dentro da sucessão legítima dois tipos de sucessão: por cabeça (per capita) e por estirpe (in stirpis). Na primeira linha descendente, os filhos sucedem por cabeça, e os outros descendentes, por cabeça e por estirpe, conforme se achem, ou não, no mesmo grau (art. 1.604). Por cabeça, quer dizer a cada pessoa; por estirpe entenda-se a descendência. Exemplifiquemos. Triboniano falece, deixando dois filhos: Modestino e Papiniano; a herança será repartida meio a meio para cada um, quer dizer, ambos herdam por cabeça, cada um por si. Digamos porém que Papiniano já tivesse morrido e deixado quatro filhos: nesse caso, Modestino ficaria com os 50% do seu "caput", e os outros 50% ficariam para a estirpe (descendência) de Papiniano. Nesses termos, cada filho de Papiniano ficaria com 12,5%.

Ao falarmos em filhos, é conveniente esclarecer que a lei não mais reconhece discriminação entre eles quanto aos direitos sucessórios. O filho de justas núpcias, como de pais não casados, ou os adotivos estão em pé de igualdade, desde que tenham sido registrados como filhos no Cartório de Registro Civil de Pessoas Naturais, (art. 1.605). Uma exceção surge, prevista no Código Civil e confirmada pela Lei n.º 883/49: se um casal tiver um filho adotivo e, após a adoção, advier-lhe um filho legítimo, o adotivo terá direito apenas à metade da herança que vier a receber o filho legítimo ou legitimado.

6.4. A sucessão pelos ascendentes

Pode contudo morrer uma pessoa sem deixar descendentes (filhos, netos, etc.). Não havendo herdeiros da classe dos descendentes, são chamados à sucessão os ascendentes (art. 1.836). Na classe dos ascendentes, o grau mais próximo excluiu o mais remoto, sem distinção de linhas (art. 1.836). Os ascendentes (pai, avô, bisavô, etc.) serão os beneficiários da herança, caso o falecido não tenha deixado prole. Uns vão preferindo aos outros; desse modo, se o "de cujus" tiver pai, este exclui o avô, o bisavô e assim por diante. Se não tiver prole nem pai, herdará o avô, que eliminará o bisavô e os demais.

E se houver avô paterno e materno? Se o autor da herança não tiver prole nem pais, a herança ficará para o avô, mas poderão estar vivos os dois avós: o paterno e o materno. Havendo igualdade em grau e diversidade em linha, a herança partir-se-á entre as duas linhas meio pelo meio (art. 1.836). Dessa forma, se o "de cujus" tem dois avós vivos, a herança será dividida "meio pelo meio" entre os dois. Essa situação apresenta assim uma diferença ante a sucessão pelos descendentes; enquanto nesta os herdeiros se classificam por grau, naquela se classificam por grau e linha: a linha paterna e a linha materna. Haverá então quatro herdeiros: avô paterno, avó paterna, avô materno e avó materna.

Surge também uma situação peculiar: se o pai herda do filho, entenda-se que tenham herdado o pai e a mãe, integrando-se a herança no patrimônio do casal. Mas, e se os pais forem casados em regime de separação de bens? Nesse caso, a herança deverá ser deferida para cada um 50%. Se o ascendente for sozinho, ficará totalmente com a herança.

Examinaremos ainda outra situação: o pai herdeiro é viúvo da mãe do "de cujus" e convolou novas núpcias. Não vemos quaisquer restrições em que o pai receba totalmente a herança do filho, que passa a integrar o patrimônio do casal.

Não há direito de representação entre os ascendentes em linha reta; o critério da linha não passa do pai para o avô. Desta feita, a herança do "de cujus" passa para os pais; se um deles tiver falecido, os direitos sucessórios não passam para os parentes do falecido. O pai ou a mãe, sobrevivente, receberá então toda a herança.

6.5. Sucessão do filho havido fora do casamento

Segundo o art. 1596 do Código Civil, os filhos havidos ou não da relação de casamento, ou por adoção, terão os mesmos direitos e qualificações, proibidas quaisquer designações discriminatórias relativas à filiação.

Essa isonomia prevalece também no Direito das Sucessões, motivo pelo qual os filhos de qualquer espécie do "de cujus" terão idênticos direitos sucessórios.

Pode ser filho do pai e mãe casados civilmente, ou fruto da união estável ou do concubinato, havido por fecundação ou inseminação artificiais, ou então filho de outra pessoa que não seja o cônjuge, devendo todos ter os mesmos direitos.

6.6. Sucessão pelo cônjuge sobrevivente

Consoante estabelece o art. 1.829, a ordem da vocação hereditária desenrola-se por quatro classes: descendentes, ascendentes, cônjuge sobrevivente, colaterais. Morrendo o autor da herança, esta vai para os descendentes; não havendo descendentes, vai para os ascendentes. Fundamenta-se no pressuposto de que o cidadão preocupa-se mais com seus filhos de que com seus pais. Sem conotação negativista, os filhos representam o futuro e os pais, o passado. Esse sentimento é instintivo; os próprios avós insistem para que seus netos desfrutem de toda atenção, ainda que sejam os avós relegados ao segundo plano. Em terceiro lugar, situa-se o cônjuge, por ser pessoa de maior intimidade, embora não ligada por laços de sangue.

À falta de descendentes ou ascendentes, será deferida a sucessão ao cônjuge sobrevivente, se, ao tempo da morte do outro, não estava dissolvida a sociedade conjugal (art. 1.831). Neste caso, pouco importa o regime de bens. O cônjuge viúvo, se o regime de bens do casamento não era o da comunhão universal, terá direito, enquanto durar a viuvez, ao usufruto da quarta parte dos bens do cônjuge falecido, se houver filhos, deste ou do casal, e à metade se não houver filhos, embora sobrevivam ascendentes do "de cujus". Ao cônjuge sobrevivente, casado, sob o regime de comunhão universal, enquanto viver e permanecer viúvo, será assegurado, sem prejuízo da participação que lhe caiba na herança, o direito real de habitação relativamente ao imóvel destinado à residência da família, desde que seja o único bem daquela natureza a inventariar (art. 1.831).

Não existe uniformidade legislativa no tocante à inclusão do cônjuge como herdeiro. O direito italiano e de vários outros países não o incluem, embora respeitem o direito de meação. A meação não é herança; o patrimônio do casal pertence a ambos, meio a meio. Falecendo um deles, é a parte do cônjuge falecido que entra no inventário; a outra parte já pertence ao cônjuge sobrevivo, mesmo antes da viuvez. Quanto ao estado referido como "dissolvida a sociedade conjugal", implica que a dissolução tenha sido decretada pela justiça, seja pela separação judicial, seja pelo divórcio. A simples separação de fato não exclui o cônjuge da sucessão, a menos que a separação tenha ocorrido há mais de dois anos; necessário se torna que estejam legalmente separados.

Não tem também o efeito da exclusão a separação de corpos, mesmo concedida judicialmente.

6.7. A Sucessão no casamento de fato

Problema que vem provocando vivas controvérsias é no tocante ao casamento de fato, quer dizer, o concubinato. Ao falar "cônjuge", nossa lei referia-se à legítima esposa ou legítimo esposo, ou seja, posição de quem se casou de acordo com as formalidades da lei. Naquela época, o concubinato era evento raríssimo e, por isso, não foi considerado pela lei.

Alegam muitos, inclusive advogados, que existe numerosa jurisprudência, reconhecendo direito da concubina à sucessão de seu finado concubino. Todavia, jamais vimos qualquer decisão judicial ou jurisprudencial reconhecendo esse direito. Ao revés, essas decisões de nossa justiça têm sido no sentido unânime de que a relação concubinária não confere direitos sucessórios. Ao que parece, muitos estão na convicção de que são titulares de um direito que a lei não previu.

Como se avolumam, porém, as relações concubinárias, principalmente nos grandes centros, como São Paulo e Rio, em processos variados surgiram certas facetas que reconhecem diversos direitos aos concubinos, mas, na verdade, não são sucessórios. Um deles é quanto aos benefícios da Seguridade Social. Por exemplo: um cidadão que esteja filiado ao IAPAS, indica sua concubina como beneficiária e, ao falecer, passa ela a desfrutar da pensão. Esse direito, contudo não decorre da sucessão mas dos regulamentos da Seguridade Social. A concubina já desfruta desse direito antes do falecimento de seu concubino.

Outro aspecto já resolvido favoravelmente por algumas decisões é o tocante a serviços prestados pela concubina à manutenção do lar. A assistência dada ao concubino, enfermo, os gastos comprovados e a comprovação de que auferia rendimentos necessários ao seu sustento pessoal, podem ensejar à concubina pleitear uma indenização. Uma delas conseguiu o pagamento de um salário mínimo por mês, a ser pago pelo espólio, referente ao tempo da constância do concubinato. Pode-se contestar que a concubina foi mantida e sustentada pelo falecido, mas no caso "ut supra", comprovou-se que ela trabalhava e auferia rendimentos suficientes ao seu sustento. Este caso não se enquadra no Direito das Sucessões; a concubina não recebeu de "herança" esse pagamento, mas uma indenização por serviços prestados. Não assumiu ela os bens de seu falecido concubino.

O mais importante aspecto do problema é, entretanto, no que tange aos bens do falecido concubino. Várias concubinas já obtiveram alguns bens que faziam parte do patrimônio hereditário do falecido, provando que esses bens foram adquiridos com a colaboração financeira delas. O espólio entregou a elas, todavia, apenas a parte que lhes cabia, isto é, adquirido com os recursos delas. A questão foi definitivamente estabelecida graças à Súmula 380 do Supremo Tribunal Federal:

> "Comprovada a existência de sociedade de fato entre os concubinos, é cabível a sua dissolução judicial, com a partilha do patrimônio adquirido pelo esforço comum".

Ao falar na "dissolução judicial de sociedade", deixou o Pretório Excelso de invocar o Direito das Sucessões, mas considerou a união estável entre um homem e uma mulher como uma sociedade. Essa sociedade forma um patrimônio e, sendo dissolvida, esse patrimônio deverá ser dividido entre os sócios, vale dizer, entre os membros dessa sociedade. O patrimônio da sociedade é formado pelas contribuições e esforço, trabalho e economia dos sócios. O sentido de sociedade pode ser obtido com a interpretação do art. 981 do nosso Código Civil:

> "Celebram contrato de sociedade as pessoas que reciprocamente se obrigam a contribuir, com bens ou serviços, para o exercício de atividade econômica e a partilha, entre si, dos resultados."

O artigo correspondente a este, no Código Civil italiano, revela claramente esse objetivo, no art. 2.247:

Con il contratto di società due o piú persone conferiscono beni o servizi per l´esercizio in comune di una atività economica allo scopo di dividirne gli utili.	Com o contrato de sociedade, duas ou mais pessoas conferem bens ou serviços para o exercício em comum de uma atividade econômica, com o escopo de dividir os lucros dela.

Sob o aspecto legal e doutrinário, não podemos estar de acordo com as decisões jurisprudenciais, uniformizadas pela Súmula 380 do Supremo Tribunal Federal. O concubinato não pode ser considerado uma sociedade; ele não tem objetivo patrimonial, porquanto o patrimônio é apenas decorrência eventual dele e não o objetivo. Não se destina a produzir e distribuir lucros, por ter um objetivo muito mais amplo e de forte colorido sentimental. A dissolução judicial é prevista para as sociedades formalizadas por um contrato devidamente registrado no cartório competente. Se o concubinato é estabelecido por sentimentos mútuos, por amor, dissolve-se naturalmente quando arrefecerem esses sentimentos. Dissolver judicialmente um romance choca-se com a coerência.

Sob o ponto de vista estritamente jurídico, não nos parece legal o tipo de sociedade formada pelos concubinos, uma sociedade civil com alguns efeitos próprios do casamento. Perante o nosso Código Civil e de todos os países de tradição romana, o casamento é um ato jurídico extremamente formal; a lei prescreve para ele um ciclo minucioso e preciso de formalidades, sem o qual será um ato nulo. Nossa jurisprudência criou paralelamente um "semi-casamento", que pode ser criado convencionalmente pelos concubinos mas dissolvido pelas vias judiciais, em que ambos não assumem quaisquer compromissos de ordem jurídica, mas poderão ser compelidos judicialmente a cumpri-los.

Não é essa a via recomendada para se solucionar um problema atual, evidente e freqüente. O concubinato é um fato incontestável e importante, encravado na sociedade brasileira hodierna. O direito romano regulamentava vários tipos de casamento, inclusive o próprio concubinato. Por que então nossa arcaica estrutura jurídica não se volta para a Roma dos Cesares, cujo direito era menos obsoleto que o nosso atual? Reconhecer o concubinato é ver a realidade presente e pretendente a uma regulamentação jurídica. O caminho mais viável, então, é encontrar ou criar um estatuto jurídico para essa relação marital, ao invés de criar um "monstrengo" sem pés nem cabeça, de precária inserção num sistema jurídico.

Todavia, poderá reclamar parte do acervo hereditário, desde que devidamente comprovada essa "sociedade conjugal de fato", e contribuição efetiva e comprovada do concubino reclamante para aquisição dos bens reclamados. É o que ficou estabelecido pelas decisões jurisprudenciais e sacramentadas pela Súmula 380.

Ante a enorme importância da repercussão que este assunto provoca, julgamos de bom alvitre expor neste compêndio algumas ementas de decisões jurisprudenciais. Aos que se interessarem no estudo mais profundo, terão assim indicação para exame dos acórdãos na íntegra. Ressaltamos que a jurisprudência não fala em direitos sucessórios. Em nosso parecer, esses direitos concubinários podem ser considerados em dois aspectos:

– remuneração por serviços prestados a companheiro;
– devolução das contribuições para formar o patrimônio comum.

> "Empresta-se efeito jurídico à colaboração da concubina, principalmente na esfera eclesiástica, na formação do patrimônio comum, amealhados na constância de tal união e o conseqüente reconhecimento de uma sociedade de fato, cuja dissolução determina a partilha de bens adquiridos pelo esforço comum."

Fonte: Jurisprudência Mineira-72/146-Apelação 49.259 – TJMG.

> "Adquirido o bem com a economia comum dos amásios, ainda que um deles seja casado e mantenha sua vida conjugal, entre eles se reparte, na proporção da contribuição de cada um, o patrimônio que juntos conseguiram formar."

Fonte: Ementário Forense – n.º 371 – Apelação 8.339 – TJRJ.

Todavia, o Diário Oficial de 30.12.94 publica uma lei verdadeiramente revolucionária: a Lei n.º 8.971, de 29.12.94. O preâmbulo da lei, isto é, a ementa que resume o assunto, declara seu objetivo: "regula o direito dos companheiros a alimentos e à sucessão". Ao falar em direito à sucessão, já deixa claro o espírito desta lei: assegurar direitos sucessórios aos concubinos, chamados por esta lei de "companheiros". Dentro em breve, provavelmente, deverá surgir o termo "companheirismo", como sinônimo de concubinato, uma vez que a expressão verbal adotada pela lei é companheiro e não concubino. Não fala a lei, igualmente, em "concubinato" nem em "sociedade de fato", mas em "união", razão pela qual poderão ser chamados de "unidos" os que viverem em comum sem registro dessa união em cartório.

Interessante fenômeno legislativo tem-se observado no Brasil. As leis mais polêmicas, mas sensacionais, geralmente irrompem no fim do ano, mormente na véspera do Natal e do Ano Novo, e o conhecimento público das leis só se dá em fevereiro, já que em janeiro há férias forenses e muitos advogados se ausentam. Assim aconteceu com a Lei n.º 8.971/94, publicado no Diário Oficial do último dia útil do ano, quando muita gente estava já de viagem. Pequeno grupo de deputados ficam em Brasília, votam a lei às pressas e, imediatamente, o Presidente da República a sanciona, sendo publicada no dia seguinte.

Assim aconteceu também com a revolucionária Lei n.º 8.560, de 29.12.92, regulando reconhecimento de paternidade; assim também com a Lei n.º 7.646/87 referente à proteção da propriedade intelectual sobre programas de computador, a Lei do Divórcio, a Lei dos Registros Públicos.

Resta-nos então traçar considerações sobre a nova lei, as primeiras, já que acaba ela de sair. Acreditamos na possibilidade de melhor regulamentação, mas procuraremos interpretá-la no contexto geral do Direito das Sucessões. Revela o novo diploma legal alguns sintomas de modernidade e autenticidade, sem influência do direito estrangeiro. Utiliza a expressão "de cujus", ao referir-se ao companheiro falecido. De há muitos anos, mormente após o atual Código de Processo Civil, a legislação brasileira aboliu o uso de palavras estranhas ao nosso vernáculo, inclusive latinas. Como exemplo, podemos apontar a lei regulamentadora do contrato de "franchising", adotando para ele o nome de franquia.

A lei ora em discussão traz porém no seu texto uma expressão latina, rompendo as normas observadas. É realmente louvável o abandono de expressões antipáticas, como "amasiamento", "amigar", "amancebar", "concubina, e outras. O termo concubino, de origem latina "cumbinus", é jurídico e herdado do direito romano, que prevera o concubinato. Entretanto, na linguagem vulgar, tais expressões soavam como depreciativas, o que justifica que tenham sido preteridas na nova lei. A expressão "companheiro" soa melhor e talvez o concubinato deva chamar-se doravante "companheirismo" ou "união estável". Este último termo consta inclusive de nossa Constituição Federal.

Digno de menção é a eqüidade adotada pela Lei n.º 8.971/94, colocando em pé de igualdade companheiro e companheira. Nosso direito, tradicionalmente machista, durante vários anos lançou o anátema sobre a concubina, marginalizando-a e só se lembrando dela para humilhá-la e negar-lhe direitos. Não foi a mesma postura adotada em relação ao concubino; este até tinha direitos. Nos termos dessa eqüidade, consoante o art. 1.º da lei, a companheira ou o companheiro poderá pedir alimentos, nos moldes da Lei dos Alimentos (Lei n.º 5.478/68). Ao adotar direito a alimentos, a nova lei equiparou a companheira à legítima, o mesmo se dando em relação ao companheiro.

Para obtenção desse direito, porém, certas condições foram previstas; uma é a de que a "união" deverá contar com a duração mínima de cinco anos, não dizendo a lei se ininterruptos ou não. Segue a posição tradicional do direito brasileiro, expresso na jurisprudência acerca do concubinato, que exige seja ele duradouro para caracterizá-lo. Houvera antes uma disposição legal nesse sentido: uma mulher poderá adotar o nome de seu companheiro, desde que com ele viva há mais de cinco anos.

Outra exigência é que sejam os companheiros solteiros, viúvos, separados judicialmente, ou divorciados; em suma, não podem ser casados, ainda que separados de fato. A razão é evidente; se for um dos companheiros casado, estará incorrendo em adultério, ato considerado como um crime. Um crime não pode gerar direitos ao infrator da lei.

A "lei do companheirismo", ao garantir o direito a alimentos, abre via para os direitos sucessórios e esses direitos são agora claramente expressos na Lei n.º 8.971/94, no art. 2.º. Não ficam totalmente equiparados aos cônjuges legítimos, pois há certas condições para que o companheirismo gere direitos sucessórios: uma é que não seja casado; outra que a "união" tenha mais de cinco anos, para ser considerada "união estável"; mas essa exigência poderá ser dispensada se os companheiros tiverem prole entre si.

Os direitos sucessórios incluem ainda o do usufruto de quarta parte dos bens do companheiro falecido, se este tiver filhos, comuns ou não, e da metade, se não houver filhos. Esse usufruto cessará se o companheiro (a) supérstite constituir nova união (nota-se que a lei fala em nova união e não em novo casamento).

O inciso III do art. 2.º estabelece disposição importante: o companheiro ou companheira coloca-se no lugar do ex-cônjuge na ordem da vocação hereditária. Se o companheiro(a) falecido não tiver descendente ao ascendente, o companheiro(a) sobrevivente herdará a totalidade da herança do "de cujus". Conforme diz o art. 1.603, a sucessão legítima defere-se na ordem seguinte: aos descendentes; ou ascendentes; ao cônjuge sobrevivo, Assim sendo, morre uma pessoa, sua herança fica para os filhos; se não houver filhos, fica para os pais; se não houver filhos nem pais, fica para o cônjuge supérstite; se não houver filhos nem pais, nem cônjuge supérstite, fica para os irmãos.

Agora porém, outra é a ordem da vocação hereditária. Se morre uma pessoa, sem deixar filhos nem pais, e se for separada judicialmente ou divorciada, sendo pois viva a ex-esposa, esta nada recebe. Vai a herança totalmente para a companheira, se a união entre ambos tiver mais de cinco anos.

Pelo art. 3.º, quando os bens deixados pelo autor da herança (ou autora) resultarem de atividade em que haja colaboração do(a) companheiro(a), terá o sobrevivente direito à metade dos bens. De muita valia essa disposição, reconhecendo o direito já firmado pela jurisprudência; acabamos de transcrever exemplos de ementas nesse sentido, corroboradas pela Súmula 380. Agora é a lei que determina, dando direito ao companheiro(a) sobrevivo(a) o direito sucessório da metade dos bens, equivalente à meação. Não fala a lei em meação, mas é claro que ficou ela estabelecida. Anteriormente, a partilha jurisprudencialmente aceita seria na proporção do que houvera cada concubino contribuído na formação do patrimônio comum do casal; com a nova lei a partilha é feita com a metade para cada companheiro, vale dizer, com meação.

Destarte, o problema tratado passou por três fases, a saber:

1.º – a concubina era pessoa marginalizada pelo direito e a lei só se referia a ela para negar-lhe qualquer direito;

2.º – foi a fase confusa, com predomínio de uma jurisprudência conflitante, concedendo alguns direitos a ela, para serem estendidos à sucessão;

3.º – é a fase atual, com a lei assegurando direitos sucessórios à concubina, equiparando-a ao concubino, para não fazer distinção entre ambos, equiparada também à legítima esposa se esta estiver separada e adotando a designação legal de "companheira", eliminando designações depreciativas à sua pessoa.

Finalmente, tendo em vista ser a Lei n.º 8.971/94 bastante singela e de poucas palavras e ainda não constar em códigos publicados, permitimo-nos transcrever seu texto:

LEI n.º 8.971, DE 29.12.1994

O Presidente da República

Faço saber que o Congresso Nacional decreta e eu sanciono a seguinte Lei:

Art. 1.º A companheira comprovada de um homem solteiro, separado judicialmente, divorciado ou viúvo, que com ele viva há mais de cinco anos, ou dele tenha prole, poderá valer-se do disposto na Lei n.º 5.478, de 25 de julho de 1968, enquanto não constituir nova união e desde que prove a necessidade.

Parágrafo único. Igual direito e nas mesmas condições é reconhecido ao companheiro de mulher solteira, separada judicialmente, divorciada ou viúva.

Art. 2.º As pessoas referidas no artigo anterior participarão da sucessão do(a) companheiro(a) nas seguintes condições:

I – o(a) companheiro(a) sobrevivente terá direito, enquanto não constituir nova união, ao usufruto de quarta parte dos bens do "de cujus", se não houver filhos deste ou comuns;

II – o(a) companheiro(a) sobrevivente terá direito, enquanto não constituir nova união, ao usufruto da metade dos bens do "de cujus", se não houver filhos, embora sobrevivam ascendentes.

III – na falta de descendentes e de ascendentes, o(a) companheiro(a) sobrevivente terá direito à totalidade da herança.

Art. 3.º – Quando os bens deixados pelo(a) autor(a) da herança resultarem de atividade em que haja colaboração do(da) companheiro(a) terá o sobrevivente direito à metade dos bens.

Art. 4.º – Esta lei entra em vigor na data da sua publicação.

Art. 5.º – Revogam-se as disposições em contrário.

Brasília, 29 de dezembro de 1994.

Ass. – Itamar Franco

Essa lei foi publicada no Diário Oficial da União no dia 30.12.93, último dia do ano e último dia do mandato do Presidente Itamar Franco. Foi seu último ato como Presidente da República. Oficialmente a lei entrou em vigor, portanto, em 30.12.94.

6.8. Sucessão pelos colaterais

Os parentes em linha reta são os filhos, netos, etc., em linha descendente; o pai, avô, etc., em linha ascendente. A linha colateral prolonga-se de forma horizontal, como os irmãos, e oblíqua, como tios, sobrinhos e primos. Os parentes colaterais sucedem em quarto lugar, na ordem de vocação hereditária, após os descendentes, ascendentes e cônjuge sobrevivente. Se não houver cônjuge sobrevivente, ou ele incorrer na incapacidade, serão chamados a suceder os colaterais até o quarto grau (art. 1.839).

Como acontece com a sucessão na linha reta, os mais próximos serão chamados, encerrando-se neles a sucessão, vale dizer, sem passar à outra linha. Na classe dos colaterais mais próximos excluem-se os mais remotos, salvo o direito de representação concedido aos filhos de irmãos. Naturalmente, os parentes colaterais mais próximos são os irmãos, por terem mais puro vínculo de sangue.

Mesmo assim, os irmãos, às vezes, não possuem idêntico vínculo de sangue, o que acarretará modificações na força do direito da sucessão. Há pois dois tipos de irmãos: unilaterais e bilaterais. Os bilaterais, também chamados germanos, são filhos do mesmo pai e da mesma mãe. Os unilaterais são filhos de pais diferentes; são uterinos, quando filhos da mesma mãe, mas de pais diferentes; os consangüíneos são filhos do mesmo pai, mas de mães diferentes. Há diferença no direito de cada tipo de irmão. Concorrendo à herança do falecido irmãos bilaterais com irmãos unilaterais, cada um destes herdará metade do que cada um daqueles herdar (art. 1.841).

Tomemos por base este exemplo: Cícero e Terência são casados e têm dois filhos: Caio e Pompônio. Caio é filho de Cícero e Terência; é portanto bilateral, ou seja, filho dos dois lados: de pai e mãe. Pompônio porém é filho de Terência, mas não de Cícero. Terência era casada com Paulo, união de que resultou Pompônio. Tendo ficado viúva de Paulo, Terência casou-se com Cícero, trazendo Pompônio para o novo lar. Depois nasceu Caio. Com a morte de Cícero, abre-se a sucessão para Caio e Pompônio.

Pompônio porém receberá a metade do que recebeu Caio, por não ser filho de Cícero. Qual o motivo dessa discriminação? Presume-se que seja pelo fato de que Pompônio já fora beneficiado com a herança de Paulo, seu pai. Não concorrendo à herança irmão germano, herdarão em partes iguais entre si, os unilaterais. Nesse caso, os irmãos são todos iguais, e por isso, iguais serão os direitos.

É possível, entretanto, que o "de cujus" não tenha irmãos, seja porque estes morreram, seja porque é filho único. Em falta de irmãos, herdarão os filhos destes. Se só concorrerem à herança filhos de irmãos falecidos, herdarão por cabeça. Se concorrerem filhos de irmãos bilaterais, com filhos de irmãos unilaterais, cada um destes herdará a metade do que herdar cada um daqueles. Se todos forem filhos de irmãos germanos, ou irmãos unilaterais, herdarão todos por igual (art. 1.842).

Vejamos um modelo desse critério. Cícero faleceu, sem deixar nem filhos, nem pais, nem esposa, enfim, não tinha descendentes nem ascendentes, nem cônjuge vivo. Cícero porém tinha dois irmãos: Caio e Celso, que herdarão sua herança. Contudo Caio e Celso já estavam mortos: a herança passará então aos filhos de Caio e Celso, ou seja, aos sobrinhos do "de cujus", parentes em grau mais afastado.

Caio tinha três filhos e Celso dois, havendo pois cinco herdeiros. Cada um receberá 20% da herança, por herdarem por cabeça e não por estirpe, uma vez que tanto Caio como Celso são falecidos. Os herdeiros estão colocados em pé de igualdade. Digamos porém que Caio esteja vivo e apenas Celso morreu; agora Caio recebe por cabeça e os filhos de Celso por estirpe, ou seja, 50% para Caio e 50% para a estirpe de Celso, os seus dois filhos. Estes recebem 25%, cada um, da herança de Cícero. Os filhos de Caio, porém, receberão, cada um, apenas um terço da herança, quando Caio falecer. Note-se que neste caso, como em todos os demais, na ordem da vocação hereditária, sendo chamado um herdeiro, a herança não passa para os que vêm depois. Na classe dos colaterais, os mais próximos excluem os mais remotos, salvo o direito de representação concedido aos filhos de irmãos. É o que aconteceu no modelo que acabamos de ver (art. 1.840).

Vejamos um outro modelo: Sabino falece sem ter descendentes nem ascendentes nem cônjuge. Quem vai herdar a herança serão seus três irmãos: Saturnino, Marciano e Catão.

A situação apresenta-se agora de várias maneiras:

a – Saturnino, Marciano e Catão estão vivos.

Solução: cada um receberá um terço da herança (por cabeça).

b – Saturnino e Marciano estão vivos, mas Catão já era falecido.

Solução: Saturnino e Marciano recebem um terço cada um, mas outro terço será deferido aos filhos de Catão.

c – Os três herdeiros já faleceram.

Solução: os filhos dos três receberão totalmente a herança por cabeça, vale dizer, em partes iguais.

d – Saturnino e Marciano são irmãos bilaterais (dois lados, quer dizer, do mesmo pai e da mesma mãe), enquanto Catão é irmão unilateral, ou seja, é filho do pai deles, mas não da mesma mãe.

Solução: Catão receberá a metade do que receberem Saturnino e Marciano (conforme diz o art. 1.614).

e – Saturnino, Marciano e Catão já faleceram.

Saturnino tem um filho, Marciano, três, Catão, seis (ao todo dez sobrinhos de Sabino).

Solução: os dez herdeiros receberão, por cabeça, em partes iguais, isto é, 10% cada um.

Vimos que a ordem da vocação hereditária vai caminhando na linha colateral, até o quarto grau. Essa expressão é de origem latina: colateral (com o mesmo lado), por designarem parentes que ficam lado a lado no parentesco, oriundos porém de um tronco comum. Vai seguindo os graus seguintes (não há 1.º grau):

2.º grau – irmãos

3.º grau – sobrinhos e tios

4.º grau – tios-avôs, sobrinhos-netos, primos-irmãos (filhos do tio).

6.9. Sucessão pelo Estado

Não sobrevindo cônjuge, nem parente algum sucessível, ou tendo ele renunciado à herança, esta se devolve ao Estado ou ao Distrito Federal, se o "de cujus" tiver sido domiciliado em território ainda não constituído em Estado. Desde que não haja parentes sucessíveis, a herança é considerada, a princípio, jacente e depois vacante, e, como tal, é deferida ao Estado.

Tivemos oportunidade de examinar essa questão no estudo da herança jacente. Questiona-se a condição do Estado como sucessor ou se ele entra na posse da herança por força de "jus imperii". Contudo, seu direito decorre da lei.

6.10. Direito de usufruto

Questão sutil é o direito do cônjuge sobrevivo, desde que não seja casado em regime de separação de bens, ao usufruto dos bens de que gozava o cônjuge falecido. Vamos recordar a disposição da lei: o cônjuge viúvo, se o regime de bens do casamento não era o da comunhão universal, terá direito, enquanto durar a viuvez, ao usufruto da quarta parte dos bens do cônjuge falecido, se houver filhos, deste ou do casal, e à metade, se não houver filhos, embora sobrevivam ascendentes do "de cujus".

Convém fazer breve rememoração ao usufruto, direito real de garantia. É o direito de uma pessoa para usar e gozar de uma coisa alheia, auferindo dela os frutos e utilidades que ela produzir, durante um certo tempo. Vejamos uma hipótese muito comum: para dar segurança a seus pais, um cidadão destina a eles uma casa, que eles podem usar e aproveitar, inclusive alugar, auferindo aluguéis. Só não poderão alienar, uma vez que não são proprietários dessa casa. O usufrutuário gozará o usufruto só enquanto estiver vivo, sendo portanto um direito efêmero. Não é necessário que o usufruto seja concedido por um filho, mas por qualquer pessoa.

Examinaremos então, amoldando-as à lei, duas hipóteses. A primeira é a de um casal que detenha o direito de usufruto de um imóvel, mas esse casal tenha filhos. Falece um dos membros desse casal, por exemplo, o marido. Nesse caso, o usufruto não se extingue, herdando a viúva o usufruto de um quarto dos bens. Ressalte-se que a viúva herdou apenas o direito ao usufruto do imóvel e não o imóvel, porquanto, se o casal tiver filhos, serão estes os herdeiros do falecido.

A segunda hipótese é a de um casal que não tenha filhos. Nesse caso, a herança será deferida aos ascendentes do falecido. Entretanto, a viúva terá direito ao usufruto da metade dos bens do cônjuge falecido. O direito ao usufruto ficou restringido, uma vez que os filhos têm a preferência, e não os havendo, alargou-se para a metade dos bens.

6.11. Direito de habitação

A habitação é outro direito real, com alguma semelhança com o usufruto e desfruta de tratamento parecido. É entretanto mais restrito: é apenas o direito de morar; enquanto o usufruto dá o direito de alugar ou obter qualquer vantagem do bem. Na habitação, o imóvel em questão só poderá ser um imóvel residencial.

Ao cônjuge sobrevivente, casado sob regime de comunhão universal, enquanto viver e permanecer viúvo, será assegurado, sem prejuízo da participação que lhe caiba na herança, o direito real de habitação relativamente ao imóvel destinado à residência da família, desde que seja o único bem daquela natureza a inventariar. Desse modo, se falecer um dos cônjuges, o cônjuge supérstite poderá continuar morando na casa residencial, não podendo pois ser despejado. Tem como escopo a proteção aos viúvos, para que a viuvez não acarrete males maiores, como ficar sem ter onde morar. Com tal objetivo, não fica bem explicado por que o direito de habitação só se aplica a viúvos que foram casados no regime de comunhão universal.

Parece ser procedente o critério da aplicação do direito de habitação, apenas quando a herança apresentar um só imóvel para residência do casal. Se o falecido era proprietário de vários imóveis residenciais, pressupõe-se que a meação da viúva lhe garante segurança, dispensando-se o direito de habitação. Fala ainda a lei que o direito de habitação permanece "enquanto durar a viuvez". Se o cônjuge supérstite contrair novas núpcias cessa esse direito.

6.12. Do direito de representação

Ocorre a representação em alguns casos que já examinamos; é quando alguém sucede em nome de seu antecedente. Dá-se o direito de representação, quando a lei chama certos parentes do falecido a suceder em todos os direitos, em que ele sucederia, se vivesse (art. 1.851). O exemplo mais direto é o de quem falece, deixando filhos que também já faleceram. Os netos do "de cujus" recebem então a herança, como representantes de seu falecido pai. Por exemplo: Saturnino falece, deixando a herança a seu filho Labeo, que entretanto já faleceu. Contudo, Labeo tinha dois filhos, Catão e Marciano. Estes sucedem então ao seu avô,

Saturnino, exercendo o direito de representação de seu pai, Labeo. Quem deveria suceder Saturnino é Labeo, mas como este morreu, será representado por seus filhos. Catão e Marciano são sucessores indiretos ou mediatos de Saturnino.

O direito de representação dá-se na linha reta descendente, mas nunca na ascendente (art. 1.852).

Pelo que deixa claro a lei, a representação só se dá na sucessão legítima. Quem faz testamento da herança a uma certa pessoa é a ela e não a outras pessoas; se o beneficiário morrer, não se compreende como possam tomar o lugar dele outras pessoas. São pois requisitos dessa sucessão mediata, que ocorra na sucessão legítima e que o representante seja descendente direto de "de cujus". Dá-se ainda a representação se o sucessor direto tiver sido declarado indigno.

Se não acontece a representação na linha reta, na linha transversal há uma ocorrência que já examinamos no estudo da sucessão pelos parentes colaterais. Na linha transversal, só se dá o direito de representação em favor dos filhos de irmãos do falecido, quando com irmão deste concorrerem (art. 1.853). Nesse caso, herdam os sobrinhos por cabeça, com igualdade de direitos, ou seja, em partes iguais. Convém ressaltar que a lei fala em representação em favor dos "filhos de irmão do falecido"; se estes também já estão falecidos, não existirá mais a representação, quer dizer, para os filhos de sobrinhos não se dá o direito de representação.

A representação mantém a integridade dos direitos sucessórios, não recebendo os representantes nem mais nem menos do que o representado. Os representantes só podem herdar, como tais, o que herdaria o representado, se vivesse (art. 1.854). Pelo direito de representação, os representantes tomam o lugar do representado, substituindo-os, mas sem modificar o acervo de direitos e obrigações. Aliás, confirma o que diz o art. 1.851: sucede "em todos os direitos, em que ele sucederia se vivesse".

O quinhão do representado partir-se-á por igual entre os representantes (art. 1.855). Logo, os representantes recebem em partes iguais, por estirpe e não por cabeça.

O renunciante à herança de uma pessoa poderá representá-la na sucessão de outra (art. 1.856). Por exemplo: Catão faleceu, deixando a herança para seu filho Pompônio, que também tinha falecido. Por direito de representação, herdará Labeo, filho de Pompônio, mas Labeo renuncia à herança, que passará para outro herdeiro. Entretanto, Pompônio recebe outra herança.

O fato de Labeo ter renunciado a uma herança que seu pai recebera, não o impede de representá-lo em herança de outra pessoa. Enfim, a renúncia a uma representação restringe-se à que foi declarada, não se estendendo a outra.

6.13. Dos herdeiros necessários

Nosso código sintetizou em capítulo próprio a posição dos herdeiros necessários, embora essas disposições já constassem no antigo, em disposições esparsas. Fazemos neste compêndio estudo especial sobre os herdeiros necessários, no Capítulo 16, mas, seguindo a ordem do código, devemos inclui-los também na sucessão legítima. Consideram-se herdeiros necessários aqueles que não podem ser excluídos da sucessão a não ser nos casos de indignidade previstos em lei. São herdeiros necessários os descendentes, os ascendentes e o cônjuge. Ocupam eles os três primeiros lugares na ordem da vocação hereditária.

Pertence aos herdeiros necessários, de pleno direito, a metade dos bens da herança, constituindo a legítima (art. 1.846). Se alguém quiser doar em testamento seus bens a alguém, só poderá deixar a metade de seus bens, já que a outra metade será destinada obrigatoriamente aos herdeiros necessários.

Calcula-se a legítima sobre o valor dos bens existentes na abertura da sucessão, abatidas as dívidas e as despesas do funeral, adicionando-se, em seguida, o valor dos bens sujeitos a colação (art. 1.847). A legítima é a parte que caberá obrigatoriamente aos herdeiros necessários e deverá ser autêntica, não camuflada. Por isso, a legítima é calculada da seguinte maneira: é tomado o valor da herança; desse valor é abatido o montante das dívidas do espólio, sobrando assim o patrimônio líquido. Porém será possível o aumento do valor desse patrimônio líquido, com a adição de bens incorporados posteriormente à herança pela colação.

Salvo se houver justa causa, declarada no testamento, não pode o testador estabelecer cláusula de inalienabilidade, impenhorabilidade e de incomunicabilidade, sobre os bens da legítima. Não é também permitido ao testador estabelecer a conversão dos bens da legítima em outros de espécie diversa (art. 1.848). Procura a lei garantir a legítima, vale dizer, a metade do patrimônio que vai caber aos herdeiros necessários, vedando alguma manobra do testador para gravar bens reservados. Esses bens devem ser transmitidos livres e desembaraçados de ônus.

Mediante autorização judicial e havendo justa causa, podem ser alienados os bens gravados, convertendo-se o produto em outros bens, que ficarão sub-rogados nos ônus dos primeiros. Por questão de conveniência, alguns bens podem ser alienados, desfalcando assim a legítima, mas o preço pago por esses bens deve ser investido em outros, que farão parte da legítima. Será a substituição de bens, uns pelos outros, mantendo-se assim a legítima quase inalterada.

O herdeiro necessário, a quem o testador deixar a sua parte disponível, ou algum legado, não perderá o direito à legítima (art. 1.849). Digamos que Paulo tenha o filho Gaio, seu herdeiro necessário. Faz testamento deixando 50% de sua parte disponível a Gaio e os outros 50% ao seu amigo Labeo. Embora tenha deixado para Gaio metade de sua parte disponível, Gaio não perderá direito à legítima. Nessas condições, Gaio ficará com 75% da herança, sobrando para Labeo 25% com que ficou por testamento.

O Código Civil privilegia bastante o cônjuge, que no direito antigo não era considerado parente nem herdeiro. Hoje ele é herdeiro necessário e participa da herança independente de sua meação. Em concorrência com os descendentes caberá ao cônjuge quinhão igual ao dos que sucederem por cabeça, não podendo a sua quota ser inferior à quarta parte da herança, se for ascendente dos herdeiros com quem concorrer (art. 1.832).

7. DA SUCESSÃO TESTAMENTÁRIA

7.1. Conceito de testamento
7.2. Da capacidade de testar
7.3. Formas de testamento
7.4. Do testamento público
7.5. Do testamento cerrado
7.6. Do testamento particular

7.1. Conceito de testamento

Após havermos examinado a sucessão legítima (ex vi legis), a principal entre nós, examinaremos agora a testamentária, a que tem como causa necessária e suficiente da sucessão a vontade do falecido. Em documento solene, o cidadão ainda em vida manifesta sua vontade, estabelecendo por sua iniciativa a forma pela qual se processará a herança. Embora seja um ato de vontade, não fica afastada a aplicação da lei, uma vez que a sucessão testamentária está rigidamente estruturada pela lei. É pois a sucessão testamentária tão formal quanto a legítima. É a lei que proporciona ao cidadão a faculdade de exercer sua vontade, e regulamenta sua manifestação volitiva.

O testamento é o modo pelo qual se formaliza essa manifestação volitiva. Considera-se testamento o ato revogável pelo qual alguém, de conformidade com a lei, no todo ou em parte, dispõe de seu patrimônio, para depois de sua morte (art. 1.857). Vê-se que é um ato jurídico unilateral. Repugna ao direito a celebração de "pacto sucessório", um acordo de pessoas que adquirirá eficácia após a morte delas. Além da característica da unilateralidade, o testamento é um ato jurídico revogável e solene; extremamente solene. A lei prescreve-lhe as normas minuciosas de elaboração, que, não sendo observadas, poderão acarretar-lhe a nulidade. Trata-se de um ato jurídico delicado, visto que provocará a transferência de um patrimônio de uma pessoa para outra. Necessita, por isso, ser regulamentado com todo cuidado, para evitar fraudes.

O patrimônio a que se refere a lei não tem o significado restrito de coisas, bens corpóreos, ou mesmo direitos e obrigações de ordem financeira, mas direitos e obrigações de ordem moral ou psicológica. Na verdade, o testador manifesta vontades diversas, muitas sem conteúdo tipicamente patrimonial. Nosso próprio código prevê várias disposições testamentárias nesse sentido. Por essa razão, o art. 1.857 deveria ser mais explícito ao conceituar o testamento, como faz o código de outros países. Tomemos, por exemplo, o conceito de testamento, expresso pelo art. 587 do Código Civil italiano:

Testamento	Testamento
Il testamento è un atto revocabile con il quale taluno dispone, per il tempo in cui avrà cessato di vivere, di tutte le proprie sostanze o di parte di esse. Le disposizioni di canttere non patrimoniale, che la legge consente siano contenute in un testamento, hanno efficacia, se contenute in un atto che ha la forma del testamento, anche se manchino disposizioni di carattere patrimonale.	O testamento, é um ato revogável com o qual alguém dispõe, para o tempo em que houver cessado de viver, sobre todos os próprios bens ou parte deles. As disposições de caráter não patrimonial, que a lei consente que sejam contidas em um testamento, têm eficácia se contidas em um ato que tenha a forma de testamento, ainda que faltem disposições de caráter patrimonial.

Art. 1.857

§ 2.º O nosso direito não veda o que adota o italiano, razão pela qual um testamento poderá constar exclusivamente de questões não patrimoniais. Tanto o Código Civil italiano como o nosso referem-se a diversas medidas que possam ser incluídas em testamento. Vamos citá-las:

Art. 62 – Diz que uma fundação pode ser instituída por testamento.

Art. 1.523 – O testador pode dispor em testamento que poderão casar-se o tutor ou curador e seus descendentes, ascendentes, irmãos, cunhados ou sobrinhos, com pessoa tutelada ou curatelada.

Art. 803 – Poderá estabelecer constituição de renda.

Art. 438 – Poderá, na estipulação em favor de terceiro, substituir o terceiro designado no contrato.

Art. 1.597 – Poderá perdoar o indigno que tenha ofendido.

Art. 1.742 – Poderá deserdar um herdeiro.

7.2. Da capacidade de testar

O testamento é ato jurídico de disposição patrimonial. Alguns o consideram negócio jurídico porque produz efeitos bilaterais, mas nem todos pensam assim. Para a maioria, o testamento é um ato jurídico, por ser manifestação unilateral de vontade, porquanto o beneficiário não está obrigado a aceitar a herança e às vezes nem sabe que foi beneficiado. É o que se entende do que diz o art. 1.857:

> "Toda pessoa capaz pode dispor, por testamento, da totalidade dos seus bens, ou de parte deles, para depois de sua morte."

Todo ato jurídico, como também todo negócio jurídico, requer agentes capazes. Para o testamento, a capacidade do testador deve ser claramente evidenciada, indubitável. Capaz é toda pessoa não enquadrada no art. 3.º como absolutamente incapaz e no art. 4.º como relativamente incapaz. Entretanto, diz o código que podem testar os maiores de 16 anos.

Julgamos esquisita essa liberalidade. Se o testamento é instituto delicado e pouco divulgado, que discernimento terá um menino de 16 ou 17 anos para estabelecê-lo? Uma infinidade de atos jurídicos são vedados ao menor de 18 anos, muitos sem compromissos patrimoniais. Contudo, o menor de 18 anos poderá dispor de todo o seu patrimônio, pelo testador, assumindo riscos por conseqüência dele. E ainda diz o art. 1.860: "além dos incapazes, não podem testar os que, no ato de fazê-lo, não tiverem pleno discernimento."

O testamento é ato personalíssimo, podendo ser mudado a qualquer tempo (art. 1.858). Se o testador tem capacidade de fazer, terá a de desfazer. Por isso, o testamento é ato revogável. O que não tem capacidade o testador é de incluir a legítima dos herdeiros necessários, conforme já houvéramos exposto.

Pode o testamento ser impugnado por qualquer interessado, principalmente pela incapacidade do testador. Extingue-se em cinco anos o direito de impugnar a validade do testamento, contado o prazo da data do registro (art. 1.859).

A incapacidade superveniente do testador, não invalida o testamento nem o testamento do incapaz se valida com a superveniência da capacidade (art. 1.861). Esse critério nos parece lógico: se o testador era capaz no momento da prática do ato jurídico, o ato é eficaz e tornou-se um ato jurídico perfeito. Se o agente tornou-se posteriormente incapaz, essa incapacidade não pode ter efeito retroativo. Por outro lado, se o testador era incapaz para a prática desse ato, ele é nulo e não poderá ser ressuscitado, ainda que o testador tenha-se tornado capaz. Sendo assim, o testador poderá e deverá elaborar novo testamento, já que é capaz para tanto.

Ressalte-se porém que estamos falando em capacidade ativa, ou seja, do agente do ato: a capacidade de testar. A capacidade de testar e a de receber herança por testamento não coincidem. A incapacidade passiva é regulada de forma especial, como é o caso do indigno.

7.3. Formas de testamento

Existem duas formas de testamento, previstas pelo nosso código: ordinárias e especiais. Sendo ato solene, cada uma dessas formas está prevista e minuciosamente descrita pela lei, não admitindo ela outra forma de testamento, senão aquelas que ela estabeleceu. Os testamentos especiais são o consular, o militar, o marítimo, o codicilo, o legado. Tratam-se de modos anormais de testamento, usados em situações excepcionais. As formas ordinárias de testamento são as normais e mais freqüentes, prevendo a lei três modos: público, cerrado e particular.

7.4. Do testamento público

Público é o testamento feito por instrumento público, vale dizer, não é elaborado pelo testador, não obstante seja manifestação de sua vontade. É feito em documento escrito (aliás é sempre por escrito) pelo cartório de registro público, a mando do testador. Como as ordens do testador devam ser transmitidas pessoalmente e a viva voz, o surdo-mudo, ou apenas mudo, não poderá fazer esse tipo de testamento. Ao revés, um cego poderá fazer testamento desta forma.

São requisitos essenciais do testamento público:

– que seja escrito por oficial público em seu livro de notas, de acordo com o ditado ou as declarações do testador, em presença de duas testemunhas;

– que as testemunhas assistam a todo o ato;

– que, depois de escrito, seja lido pelo oficial, na presença do testador e das testemunhas, ou pelo testador, se o quiser, na presença destas e do oficial;

– que, em seguida à leitura, seja o ato assinado pelo testador, pelas testemunhas e pelo oficial;

– que as declarações do testador sejam feitas na língua nacional.

Procura a lei evitar inclusive fraude por parte do tabelião que lavrar o testamento; o testador dita e o escrivão escreve; depois o escrivão lê o que escreveu, para ter a aprovação do testador. A leitura será ouvida também pelas testemunhas, em número de cinco, que deverão ter ouvido também o ditado do testador.

Se o testador não souber, ou não puder assinar, o oficial assim o declarará, assinando, nesse caso, pelo testador, e a seu rogo, uma das testemunhas instrumentárias (art. 1.865). A lei não exige a impressão digital do testador, caso este não saiba ou não possa assinar, nem exige assinatura dele por procuração. Poderá ele indicar verbalmente qual das testemunhas assinará por ele, constando esse evento na escritura.

Ficam ainda estabelecidas as normas de proteção ao ato, se ele for praticado por deficiente físico. Considere-se habilitado a testar publicamente aquele que puder fazer de viva voz as suas declarações, e verificar, pela sua leitura, haverem sido fielmente exaradas (art. 1.635). Ao invés de dizer "capaz", a lei usa a expressão "habilitado", esclarecendo que o mudo não poderá testar.

O surdo sem ser mudo, entretanto, não está impedido, porquanto poderá suprir sua deficiência. O indivíduo inteiramente surdo, sabendo ler, lerá o seu testamento, e, se não o souber, designará quem o leia em seu lugar, presentes as testemunhas (art. 1.866). Para o cego, abre-se também uma possibilidade, conservando a obrigatoriedade de constar essas circunstâncias no registro. Ao cego só se permite o testamento público, que lhe será lido, em alta voz, duas vezes, uma pelo oficial, e a outra por uma das testemunhas designada pelo testador; fazendo-se de tudo circunstanciada menção no testamento (art. 1.867).

O processamento judicial do testamento público dá-se de acordo com as normas judiciárias comuns e algumas especiais, expostas nos arts. 1.128 e 1.129 do Código de Processo Civil. Qualquer pessoa diretamente interessada na herança poderá requerer a abertura do processo judicial, juntando testamento. Na ausência deste, poderá juntar o traslado ou certidão do cartório em que o testamento foi elaborado. Caso o testamento esteja em poder de um portador recalcitrante, o inventariante poderá pedir ao juiz para que determine a busca e apreensão do testamento, ou poderá mesmo o juiz agir "ex-officio" nesse sentido.

O testamento público pode ser escrito manualmente ou mecanicamente, bem como ser feito pela inserção da declaração de vontade em partes impressas de livros de notas, desde que rubricadas todas as páginas pelo testador, se mais de uma. Alargam-se assim os recursos do tabelião para elaborar o testamento.

7.5. Do testamento cerrado

O testamento cerrado é misto, por depender da ação particular e pública. É elaborado pelo testador, sendo chamado de "cédula testamentária", mas depende de um "auto de aprovação", do cartório de registros públicos. É também chamado de "secreto", devido ao seu caráter sigiloso, pois suas disposições ficam ignoradas até depois da morte do testador. É comum no Brasil, geralmente por pessoas dotadas de largo patrimônio; nos demais países é mais raro. É famoso em São Paulo o testamento do Conde Francisco Matarazzo Jr.

São requisitos essenciais do testamento cerrado:

I – que seja escrito pelo testador, ou por pessoa a seu rogo;

II – que seja assinado pelo testador;

III – que não sabendo, ou não podendo o testador assinar, seja assinado pela pessoa que lhe escreveu;

IV – que o testador o entregue ao oficial em presença, quando menos, de testemunhas;

V – que o oficial, perante as testemunhas, pergunte ao testador se aquele é o seu testamento, e quer que seja aprovado, quando o testador não se tenha antecipado em declará-lo;

VI – que para logo, em presença das testemunhas, pergunte ao testador se aquele é o seu testamento, e quer que seja aprovado, quando o testador não se tenha antecipado em declará-lo;

VII – que imediatamente depois da sua última palavra comece o instrumento de aprovação;

VIII – que, não sendo isto possível, por falta absoluta de espaço na última folha escrita, o oficial ponha nele o seu sinal público e assim o declare;

IX – que o instrumento ou ato de aprovação seja lido pelo oficial, assinando ele, as testemunhas e o testador, se souber e puder;

X – que, não sabendo, ou não podendo o testador assinar, assine por ele uma das testemunhas, declarando, ao pé da assinatura, que o faz a rogo do testador, por não saber ou não poder assinar;

XI – que o tabelião o cerre e cosa, depois de concluído o instrumento de aprovação (art. 1.868).

Como essa forma de testamento tem um sentido sigiloso, razão por que é também chamado de "secreto" ou "místico", redobram-se os cuidados para se evitarem fraudes, ou que seja feito sob coação. Está sob o risco de ser extraviado ou destruído, por não estar registrado no cartório. A presença de dois documentos específicos constitui medida de segurança. A "cédula testamentária" deve ser elaborada pelo testador, ou por ele próprio, ou por pessoa que ele encarregar, comumente um advogado especializado. O testamento é um documento muito formal e delicado para ser elaborado por um leigo, pois um só dos requisitos exigidos pelo art. 1.868, que seja transgredido, acarretar-lhe-á a nulidade.

Após a elaboração, deve ser assinado pelo testador, ou, caso não possa ele assinar, por quem escreveu o testamento a rogo do testador. Não poderá assim reclamar que suas palavras tenham sido deturpadas. Estando em termos a cédula testamentária, segue ela agora os trâmites oficiais, devendo ser entregue em cartório de registro público, para ser elaborado o auto de aprovação, com a presença de cinco testemunhas, no mínimo. Ao receber o testamento, o oficial de registro civil deve perguntar, de viva voz, ao testador, se ele quer realmente testar e se aquele é o seu testamento, a que ele deve responder com clareza. Há então a ratificação oral do que foi estabelecido por escrito, diante das cinco testemunhas levadas pelo testador.

Tendo o testador confirmado a "cédula testamentária" (não os termos dela, mas sua apresentação), o oficial de registro elaborará o segundo documento constitutivo desse composto documental, o "auto de aprovação". A cédula testamentária é um instrumento particular, mas o auto de aprovação é um instrumento público, assinado pelo oficial de registro público. Após elaborá-lo, o oficial fará sua leitura, de viva voz, ao testador e testemunhas, devendo todos assiná-lo. Se o testador não souber ou não puder assinar, uma das testemunhas assinará por ele, uma vez que as testemunhas são escolhidas por ele e presume-se que sejam pessoas de sua confiança.

É possível que o testador encarregue o próprio oficial de registro público a elaborar o testamento. Se o oficial tiver escrito o testamento a rogo do testador, pode-lo-á, não obstante, aprová-lo (art. 1.870). Conforme vimos, quem elabora a cédula testamentária é normalmente um advogado especializado, por ordem do testador, mas deverá ela ser assinada por este. Não poderá dispor de seus bens em testamento cerrado quem não saiba, ou não possa ler (art. 1.872). Pode o testador, portanto, não saber escrever, mas ler terá que saber, pois quando alguém escreve por ele, deverá ele ler o que foi escrito, para assinar.

Desde que não esteja impedido de ler, não pesarão outras deficiências do testador. Pode fazer testamento cerrado o surdo-mudo, contanto que o escreva todo, e o assine de sua mão, e que, ao entregá-lo ao oficial público, ante as duas testemunhas, escreva, na face externa do papel, ou do envoltório, que aquele é o seu testamento, cuja aprovação lhe pede (art. 1.873). Pode assim o testador ser surdo-mudo, mas não analfabeto. O fato de ser surdo-mudo não o impede de escrever o testamento, visto que poderá escrevê-lo e até lê-lo; não pode falar, mas pode escrever o que deseja, de tal forma que é capaz de expressar sua vontade. O cego não poderá, uma vez que não pode ver o que está escrito e poderá ser enganado sobre o que constar tanto no testamento como no instrumento de aprovação.

Depois de aprovado e cerrado, será o testamento entregue ao testador, e o oficial lançará, no seu livro, nota do lugar, dia, mês e ano em que o testamento foi aprovado e entregue (art.1.874). O testamento poderá ser entregue em envelope fechado e lacrado, pois o oficial de registro não precisará inteirar-se de seus termos. Ou então será lacrado pelo próprio escrivão. Será então entregue ao testador, devendo essa entrega ser registrada em livro próprio, existente no cartório.

O portador do testamento cerrado poderá então executá-lo, requerendo à justiça a abertura do processo, nos termos dos arts. 1.125 a 1.129 do Código de Processo Civil, juntando o testamento na petição inicial. O testamento será aberto pelo juiz, que o fará registrar e arquivar no cartório a que tocar, ordenando que seja cumprido, se lhe não achar vício externo que o torne suspeito de nulidade, ou falsidade.

Lavrar-se-á em seguida o ato de abertura que, rubricado pelo juiz e assinado pelo apresentante, mencionará a data e o lugar em que o testamento for aberto; o nome do apresentante e como houve ele o testamento; a data e o lugar do falecimento do testador e qualquer circunstância digna de nota, encontrada no invólucro ou no interior do testamento. Registrado o testamento, será intimado o testamenteiro para assinar o termo de posse; caso não assuma a testamentaria, será nomeado pelo juiz um testamenteiro dativo.

7.6. Do testamento particular

Consoante o nome faz supor, é o testamento totalmente elaborado pelo testador, sem qualquer interferência da autoridade pública. Neste último aspecto, distingue-se do testamento público e do cerrado, pois ambos contam com a participação do oficial de registro público, sendo primordial a presença de três testemunhas. São requisitos essenciais do testamento privado:

I – que seja escrito e assinado pelo testador;

II – que nele intervenham as testemunhas, além do testador;

III – que seja lido perante as testemunhas, e, depois de lido, por elas assinado.

Poderia esse testamento ser datilografado? Dividem-se as opiniões. Afirmam alguns que a lei diz que deve ser "escrito de próprio punho e assinado pelo testador" ou mediante processo mecânico, e o sentido da expressão mecânico deve ser estendida para "datilografado".

Se, porém, não permite que seja feito por outra pessoa, presume-se que deva ser manuscrito. O direito de outros países impõe a autografia, manifestando, de forma clara, que deva ser manuscrito. É o que fazem os arts. 602 e 606 do Código Civil italiano, que o chama de "ológrafo" (escrito à mão):

Testamento olografo	Testamento ológrafo
Il testamento olografo deve essere scritto per intero, datato e sottoscritto di mano del testatore.	O testamento ológrafo deve ser escrito por inteiro, datado e subscrito à mão pelo testador.
Il testamento è nullo quando manca la autografia o la sottoscrizione nel caso del testamento olografo.	O testamento é nulo quando falta a autografia ou a subscrição no caso do testamento ológrafo.

Consideramos também como fundamento da autografia, a possibilidade de elaboração do testamento privado em idioma estrangeiro. O testamento privado pode ser escrito em língua estrangeira, contanto que as testemunhas a compreendam (art. 1.880). Se o testador não souber escrever no idioma nacional e não pode encarregar outra pessoa de escrever o testamento, escrevendo no idioma que conhece, supõe-se que o testamento deva realmente ser manuscrito. Nesse caso, necessário se torna que as testemunhas dominem o idioma do testamento; se elas não dominarem, de nada valeria ouvir sua leitura e o testamento seria nulo.

Também nesse tipo de testamento, é primordial a presença de três testemunhas. Se as testemunhas forem contestes sobre o fato da disposição ou, ao menos, sobre a sua leitura perante elas, e se reconhecerem as próprias assinaturas, assim como a do testador, será confirmado o testamento (art. 1.878). Portanto, basta as testemunhas confirmarem ter ouvido e compreendido a leitura, bem como as assinaturas, para que o testamento seja válido: não é necessário confirmar as disposições dele. Faltando testemunhas, por morte ou ausência, o testamento pode ser confirmado, se pelo menos uma delas o reconhecer e se, a critério do juiz, houver prova suficiente de sua veracidade.

Vê-se aqui um sério problema do testamento particular: não se sabe depois de quanto tempo o testador vem a falecer. Nesse ínterim, as testemunhas podem falecer ou desaparecer, criando sério impasse, caso sejam convocadas a juízo. Por isso, nossa lei tornou-se mais liberal, aceitando o concurso delas, conforme foi aceito também pelo art. 1.133 do Código de Processo Civil.

O art. 1.879 admite até sem testemunha.

O "modus faciendi" do deferimento de herança estabelecida por testamento particular ficou descrita pelos arts. 1.130 a 1.133 do Código de Processo Civil. O herdeiro, o legatário ou o testamenteiro poderão requerer, depois da morte do testador, a publicação em juízo do testamento particular, inquirindo-se as testemunhas que lhe ouviram a leitura e, depois disso, o assinaram. A petição será instruída com a cédula do testamento particular (art. 1.130). Ao elaborar o testamento particular, o testador irá entregá-lo a quem interessa: ao principal herdeiro ou ao testamenteiro, para que este coloque em prática a última vontade do testador. O testamenteiro, figura que será analisada posteriormente, é a pessoa encarregada de colocar em prática o testamento.

Deverão estes recusar a abertura do processo de inventário, com a publicação do testamento particular. O juiz mandará intimar então os possíveis herdeiros, legítimos e testamentários, legatários, o testamenteiro e as testemunhas, para se manifestarem sobre o testamento, seguindo o processo seu curso dentro das praxes judiciárias.

8. DOS CODICILOS

Vimos que, nos três tipos de testamento ordinário, ressalta-se a participação das testemunhas, estabelecendo-se o número mínimo de três. Tão enfática importância de testemunhas, dificilmente se encontra na solenidade de outros atos jurídicos.

Codicilo não é testamento, mas é uma disposição testamentária. Poderá porém ser feito como um testamento, um documento particular, escrito pelo autor do codicilo, dispensando-se porém as testemunhas. Toda pessoa capaz de testar poderá, mediante escrito particular seu, datado e assinado, fazer disposições especiais sobre o seu enterro, sobre esmolas de pouca monta a certas e determinadas pessoas, ou, indeterminadamente, aos pobres de certo lugar, assim como legar móveis, roupas ou jóias, não muito valiosas, de seu uso pessoal (art. 1.881). No codicilo não se cuida normalmente de questões patrimoniais ou, caso cuide delas, não chegam a afetar o acervo hereditário. Como exemplo, podemos citar o caso de um general que deixou uma medalha a um seu praça, ou de várias pessoas que manifestam desejo de serem cremadas após sua morte.

Esses atos, salvo direito de terceiro, valerão como codicilos, deixe, ou não, testamento o autor (art. 1.882). Assim, o codicilo pode ser instituído no próprio testamento, ou então em documento à parte, ou mesmo, fazer pequenas modificações no testamento. Entre elas, poder-se-ão nomear ou substituir testamenteiros. Se estiver fechado o codicilo, abrir-se-á do mesmo modo que o testamento cerrado (art. 1.885).

Os codicilos podem ser revogados de várias maneiras. Os atos desta espécie revogam-se por atos iguais e consideram-se revogados, se, havendo testamento posterior, de qualquer maneira, este os não confirmar ou modificar (art. 1.884). Logo, um codicilo feito por documento particular necessita de outro documento particular, isto é, do mesmo tipo, para ser revogado. Entretanto, poderá ser revogado pelo próprio testamento, quando este, ao ser aberto, estabelecer disposição contrária ao codicilo, ou declarar expressamente a revogação.

É possível que o "de cujus" tenha deixado codicilo sem deixar testamento. Nesse caso, o codicilo poderá ser executado no próprio processo de inventário sem testamento. Se o "de cujus" não deixar bens de valor, que justifiquem um processo de inventário, julgamos desnecessário abrir processo só por causa do codicilo, que poderá ser executado extrajudicialmente. Respeita-se, desta maneira, o ato de última vontade do finado, baseado no preceito francês: "S'il y a quelque chose de sacré parmi les hommes, c'est la volonté des mourants" (Se houver alguma coisa de sagrado entre os homens, é a vontade dos moribundos). Se porém estiver aberto processo, segue o codicilo as normas judiciárias, recebendo caráter de solenidade.

9. DOS TESTAMENTOS ESPECIAIS

9.1. Aspectos excepcionais
9.2. O testamento marítimo e aeronáutico
9.3. O testamento militar

9.1. Aspectos excepcionais

Tínhamos visto que os testamentos se distribuem em dois grupos: ordinários e especiais. Estudamos as três modalidades de testamento ordinário, isto é, público, cerrado e particular. Veremos agora os testamentos especiais, extraordinários, os utilizados em casos excepcionais. Casos há em que o testador não tem acesso ao cartório, para poder lançar mão do testamento público ou cerrado. Em situações normais, o testamento deve amoldar-se à situação e afastar-se das formas comuns. A própria lei prevê esses casos incomuns, aceitando os testamentos extraordinários: o marítimo, o aeronáutico e o militar. Dispensam-se neles as formalidades costumeiras, simplificando o ato.

9.2. O testamento marítimo e aeronáutico

O próprio nome dessa modalidade excepcional de testamento dá idéia do que seja. O testamento, nos navios nacionais de guerra, ou mercantes, em viagem de alto-mar, será lavrado pelo comandante, ou pelo escrivão de bordo, que redigirá as declarações do testador, ou as escreverá, por ele ditadas, ante duas testemunhas, idôneas, de preferência escolhidas entre os passageiros, e presentes a todo o ato, cujo instrumento assinarão depois do testador. Se o testador não puder escrever, assinará por ele uma das testemunhas, declarando que o faz a seu rogo (art. 1.890).

O testamento marítimo obedece às normas do Código Civil e não do Direito Marítimo, cujo estatuto básico encontra-se no Código Comercial; neste, o transporte marítimo é sobre águas no sentido geral, incluindo as do mar, dos rios e dos lagos. As testemunhas ficam restringidas para duas e a lavratura do testamento será deferida ao comandante do navio ou ao escrivão de bordo, que farão as vezes do oficial de registro público. Poderá contudo ser elaborado pelo próprio testador ou por terceiro a rogo dele. Terá então essa modalidade especial de testamento o caráter de testamento público, se for elaborado pelo comandante do navio ou escrivão de bordo, uma vez que eles são revestidos de autoridade pública.

Poderá porém ter a natureza de testamento cerrado, em vista de conceder a lei a faculdade de o próprio testador encarregar-se de elaborar o testamento marítimo. O testador, querendo, poderá escrever ele mesmo o seu testamento, ou fazê-lo escrever por outrem. No primeiro caso, o próprio testador assinará; no segundo, quem o escreveu, com a declaração de que o subscreve a rogo do testador. O testamento assim feito será pelo testador entregue ao comandante ou escrivão de bordo, perante duas testemunhas, que reconheçam e entendam o testador, declarando este, no mesmo ato, ser seu testamento o escrito apresentado. O comandante, ou o escrivão, recebê-lo-á, e, em seguida, abaixo do escrito, certificará todo o ocorrido, datando e assinando com o testador e as testemunhas. Seja elaborado e assinado pelo testador ou por um terceiro, esse testamento terá as características do testamento cerrado, por contar com a participação de autoridade pública e conservar as características de segredo.

Requisito essencial do testamento marítimo é o de que o testador esteja em viagem, em alto mar. Não valerá o testamento marítimo, ainda que feito no curso de uma viagem, se, ao tempo em que se fez, o navio estava em porto, onde o testador pudesse desembarcar e testar na forma ordinária (art. 1.892). O testamento é lavrado em casos excepcionais e em que o testador esteja inibido em sua capacidade física. Se houver possibilidade de seu acesso a um cartório, para testar, por uma das três formas ordinárias, encontra-se ele em condições normais de agir, não se justificando testamentos anormais.

Outra característica sugestiva é a transitoriedade. Esse testamento é provisório, até que cessem os impedimentos de livre ação do testador. O testamento marítimo ou aeronáutico caducará, se o testador não morrer na viagem ou nos 90 dias subseqüentes ao seu desembarque em terra onde possa fazer, na forma ordinária, outro testamento (art. 1.891). Essa característica confirma a excepcionalidade do testamento marítimo, pois ele perde a eficácia quando o testador retorna às suas condições normais de ação.

Questão já cogitada por diversos juristas e prevista agora pelo nosso Código Civil é a do testador que se encontra em viagem, a bordo de um avião.

Há muita analogia e similaridade entre o transporte marítimo e aeronáutico e as situações que ensejam o testamento marítimo, ocorrem de igual modo num avião. Os transportes aéreos no Brasil são regulamentados pelo Código Brasileiro de Aeronáutica (Lei n.º 7.565/86), que prevê a obrigatoriedade do "Diário de Bordo", em que devem ser registrados os incidentes importantes da viagem. O Diário de Bordo deverá ser autenticado pelo Registro Aeronáutico Brasileiro, devendo ser registrado nele os nascimentos e os óbitos, podendo extrair o comandante a certidão desses eventos. Se o comandante da aeronave pode certificar nascimentos e óbitos, por que não um testamento excepcional? O testamento a bordo de aeronave foi adotado pelo art. 615 do Código Civil italiano e incluído no nosso Código Civil. O testamento aeronáutico pode ser feito em avião civil ou militar.

9.3. O testamento militar

O testamento militar, apesar deste nome, não é privativo de militares, mas de qualquer pessoa envolvida por movimentos militares, como um jornalista que der cobertura às operações militares, técnicos, mecânicos, médicos. Amolda-se ele também a qualquer pessoa que esteja situada na zona belicosa, ainda que não tenha qualquer vinculação com operações bélicas. É o testamento feito em locais que apresentem condições anormais, em vista de acontecimentos bélicos. Nossa lei designa esse local como "praça sitiada". O testamento dos militares e mais pessoas ao serviço do Exército em campanha, dentro ou fora do país, assim como em praça sitiada, ou que esteja de comunicações cortadas, poderá fazer-se, não havendo oficial público, ante duas testemunhas, ou três, se o testador não puder, ou não souber assinar, caso em que assinará por ele a terceira. Se o testador pertencer a corpo ou seção de corpo destacado, o testamento será escrito pelo respectivo comandante, ainda que oficial inferior. Se o testador estiver em tratamento no hospital, o testamento será escrito pelo respectivo oficial de saúde, ou pelo diretor do estabelecimento. Se o testador for o oficial mais graduado, o testamento será escrito por aquele que o substituir (art. 1.893).

Nota-se claramente que o testamento previsto no art. 1.893 assume as vestes de testamento público. Ele pode ser escrito pelo comandante, em outro pelo oficial de saúde ou pelo diretor do estabelecimento hospitalar, todos porém assumindo, naquelas circunstâncias excepcionais, funções públicas. Falamos pois de testamento elaborado por uma autoridade que serve como notário.

Pode contudo o testamento militar apresentar aspectos de testamento cerrado. Se o testador souber escrever, poderá fazer o testamento de seu punho, contanto que o date e assine por extenso, e o apresente aberto ou cerrado, na presença de duas testemunhas ao auditor, ou ao oficial de patente, que lhe faça as vezes nesse mister. O auditor, ou oficial a quem o testamento se apresente, notará, em qualquer parte dele, o lugar, dia, mês e ano, em que lhe for apresentado. Esta nota será assinada por ele e pelas ditas testemunhas (art. 1.894). Pelo que se nota, aplicam-se a essa espécie de testamento as normas comuns ao testamento cerrado, e as características comuns: é elaborado pelo próprio testador, mas há a interferência de terceiro, erigido na posição de autoridade.

Numa terceira forma de testamento militar, encontra-se o testamento do tipo particular, que, neste caso, recebe o nome de nuncupativo, previsto no art. 1.896. A nuncupação (de "nuncupare", dizer de viva voz) é a expressão oral de uma vontade. O testamento nuncupativo é assim o feito de viva voz pelo testador: é um testamento verbal, perante duas testemunhas. Não terá efeito esse testamento, se o testador não morrer na guerra, e convalescer do ferimento. Trata-se de testamento "in extremis", próprio para um moribundo. Passado esse período cruciante, sobrevivendo o testador, o testamento perderá sua eficácia.

Como arremate final, forçoso é reconhecer a transitoriedade do testamento militar; ele é provisório, como acontece com esses testamentos especiais, por serem próprios de momentos excepcionais, fora das condições costumeiras da vida dos cidadãos.

Caduca o testamento militar, desde que, depois dele, o testador esteja 90 dias seguidos em lugar onde possa testar na forma ordinária (art. 1.895). Será válido porém se tiver sido apresentado ao auditor, ou oficial, tendo estes anotado em qualquer parte do testamento o lugar, dia, mês e ano, em que for apresentado, desde que essa nota tenha sido assinada por eles e pelas testemunhas.

10. DAS DISPOSIÇÕES TESTAMENTÁRIAS

10.1. A nomeação do herdeiro
10.2. Interpretação do testamento
10.3. Nulidade das disposições
10.4. Validade das disposições
10.5. Cláusula de inalienabilidade

10.1. A nomeação do herdeiro

Por disposições testamentárias, entende-se uma série de requisitos estabelecidos pela lei, sobre a forma de testamento, seus elementos intrínsecos. Representam exigências sobre os herdeiros, interpretação do testamento, ou a inalienabilidade de bens instituídos em herança. Entre as várias disposições testamentárias, a mais importante é a que se refere à nomeação de herdeiros, geralmente no interesse destes.

A nomeação de herdeiro ou legatário, pode fazer-se pura e, simplesmente, sob condição, para certo fim ou modo, ou por certo (art. 1.897). De diversas formas pode-se processar a designação de herdeiro. Se houver nomeação pura e simples, o testador não terá imposto condições, limitações ou qualquer tipo de restrição que possa sofrer o herdeiro.

Poderá, porém, o testador nomear o herdeiro, mas submetendo a eficácia de sua manifestação de vontade a determinadas condições, seja resolutiva, seja suspensiva. A herança fica em suspenso, até o herdeiro implementar essa condição. O implemento da condição defere a herança ao herdeiro, com efeito, "ex tunc" (desde então), ou seja, o herdeiro entra na posse da herança desde a abertura da sucessão.

A designação do tempo em que deva começar ou cessar o direito do herdeiro, salvo nas disposições fideicomissárias, ter-se-á por não escrita (art. 1.898). Embora possa o testamento ser feito sob condição, não poderá a condição ser qualquer espécie de termo, como, por exemplo, que o herdeiro só possa assumir a herança dois anos após a morte do "de cujus".

10.2. Interpretação do testamento

Nossa lei estabelece um critério sobre a interpretação das cláusulas testamentárias. Quando a cláusula testamentária, for suscetível de interpretações diferentes prevalecerá a que melhor assegure a vontade do testador (art. 1.899). Falamos várias vezes que o testamento é uma disposição de última vontade. A execução do testamento tem por objeto colocar em prática a vontade manifestada por alguém que morreu, mas, antes de morrer, pede para que lhe satisfaçam a vontade.

Eis aqui um sentimento que parece decorrer do próprio instinto humano. Quantas vezes nós agimos de forma determinada, porque assim desejavam nossos pais, independente de testamento? Essa propensão consta de um famoso brocardo francês, fundamento do Direito das Sucessões, a que nos referimos há pouco. Por essa razão, havendo dúvidas quanto a uma ou mais cláusulas do testamento, ter-se-á em vista o que realmente devia querer seu autor. O testador não é um literato; é possível que encontre dificuldades em expressar suas idéias; ao expressá-las, poderá confundi-las.

Por outro lado, o testamento é um ato unilateral, geralmente sem diálogo e, muitas vezes, elaborado por um espírito dominado por sentimentos, emoções ou paixões. Vemos, nessa forma de interpretação, um paralelismo com a interpretação de qualquer ato jurídico unilateral, que nosso Código Civil expressa.

> "Nas declarações de vontade se atenderá mais à sua intenção que ao sentido literal da linguagem."

O estabelecimento desse critério para a interpretação do testamento tornou-se necessário, tendo-se em vista as peculiaridades desse ato jurídico. Não se poderá aplicar a ele os critérios comumente aplicados nos atos unilaterais, como nos contratos, em que cada uma das partes manifesta vontades conflitantes, mas conciliadas. Nesse caso, o próprio Código Civil diz, que "Os contratos benéficos interpretar-se-ão estritamente". Nesses termos, não pode ir além do que está escrito, da estrita expressão verbal. De forma específica, ao cuidar da interpretação do contrato de fiança, o Código Civil repete o que disse, "a fiança dar-se-á por escrito, e não admite interpretação extensiva".

Podemos então dizer que no testamento há uma interpretação sentimental e subjetiva e no contrato, gramatical e objetiva.

Dentro desse princípio, se o testador contempla um filho seu com determinados bens em testamento e este filho faleceu, entenda-se que a herança testada transmite-se aos filhos do filho beneficiado. Realmente, o testador beneficiou seu filho e não os filhos dele, de acordo com a letra do testamento. Todavia, não estabeleceu cláusula testamentária impedindo que a herança se transmitisse, caso falecesse o beneficiado. Presume-se pois que a vontade do testador era a de beneficiar seu filho, independente de sua sobrevivência ou não; caso contrário, a morte do beneficiário tê-lo-ia prejudicado, retirando-lhe a herança, sem que seu pai assim dispusesse. A interpretação do testamento procura assim conciliar a palavra do testador com a sua vontade.

10.3. Nulidade das disposições

É nula a disposição:

I – que institua herdeiro, ou legatário, sob a condição captatória de que este disponha, também por testamento, em benefício do testador, ou de terceiro;

II – que se refira a pessoa incerta, cuja identidade se não possa averiguar;

III – que favoreça a pessoa incerta, cometendo a determinação de sua identidade a terceiro;

IV – que deixe a arbítrio do herdeiro, ou de outrem, fixar o valor ao legado (art. 1.900).

Procura a lei preservar as formalidades e fundamentos do testamento, evitando que essa instituição se degenere, ou atinja objetivos estranhos à sua natureza. Desta maneira, se o testador nomeia herdeiro, impondo-lhe condições, com a obrigação de dispô-lo a terceiros, ou em benefício do próprio testador, estará usando o herdeiro como seu testa-de-ferro, com intuitos estranhos, não caracterizado pelo "fumus bonis juris" (fumaça de bom direito). Aliás, a lei fala em condição captatória, o que nos leva a crer que tais disposições tenham intuitos malignos. Captatória tem aqui o sentido de cavilosa, fraudulenta, enganosa, com emprego de meios capciosos. Captatório origina-se do verbo latino "captare" = atrair a atenção a si por meios astuciosos. É possível também que a captação seja exercida pelo beneficiário sobre o testador, levando este a doar-lhe a herança, mediante a promessa de transferi-la, colocando a vontade do testador no risco de ser traída ou deturpada.

Não se compreende também testamento que não nomeie claramente o favorecido. Pelo testamento, o testador pretende premiar uma pessoa a quem ele aprecia e julga merecedora de seu reconhecimento. É o caso de uma empregada doméstica, que, por décadas, lhe tenha servido com dedicação; ou outro caso semelhante. É portanto essa empregada, uma determinada pessoa, claramente identificada. Essa identificação é tão forte, que, se essa determinada pessoa vier a falecer, não deve a herança passar aos sucessores, por ser destinada a uma pessoa bem identificada. Excetua-se a hipótese de o testador testar para um filho seu.

Há casos excepcionais, desde que não condenados pela lei. É o exemplo de uma fundação: o testador deixa sua herança a uma fundação que nem existe ainda; ela será criada com o patrimônio deixado pelo testador. Considera-se indicada a fundação, pelo objetivo que deva atingir. Outra exceção é quando se destina a herança a determinada obra de caridade. Por exemplo: o testador deixa a herança para ser aplicada a uma associação de combate à AIDS; nesse caso, é ela destinada a uma instituição idônea com esse fim, ficando satisfeita a vontade do tentador. Permanece a incerteza se a determinação do herdeiro ficar a cargo de terceiro, pois até o testador está incerto quanto ao beneficiário.

Outra incerteza ocorre no caso de um legado. Nosso código refere-se comumente a legado e a legatário, cujo estudo é reservado ao final. Não deixa de ser o legado um tipo de herança, mas dela se distingue por ter algumas peculiaridades. O legado é a título particular, enquanto a herança é universal. O legado tem por objeto uma coisa certa, individualizada, como por exemplo, um determinado imóvel, um certo valor em dinheiro, um determinado objeto, uma jóia. No que tange ao legado, o inciso IV do art. 1.900 proíbe que se deixe a arbítrio do herdeiro, ou de outrem, fixar o valor ao legado. O legado deve ser pois particularizado pelo testador. Caso contrário, os termos do testamento ficariam a cargo de outra pessoa, o que não se pode admitir num ato jurídico extremamente pessoal.

10.4. Validade das disposições

Algumas exceções são permitidas, mas pela própria lei. Valerá a disposição:

I – em favor de pessoa incerta que deva ser determinada por terceiro, dentre duas ou mais pessoas mencionadas pelo testador, ou pertencentes a uma família, ou a um corpo coletivo, ou a um estabelecimento por ele designado;

II – em remuneração de serviços prestados ao testador, por ocasião da moléstia de que faleceu, ainda que fique ao arbítrio do herdeiro, ou de outrem, determinar o valor do legado.

No primeiro caso, o testador pretende premiar uma coletividade ou uma família; um membro da coletividade recebe então a herança em nome de todos. No segundo caso, o testador pretende ressarcir os gastos que com ele teve quem se encarregou de dar-lhe assistência até o momento de sua morte. Nesse caso, o herdeiro receberá um valor ainda não apurado, mas só poderá ser apurado após a morte do testador, como os gastos do hospital, do enterro, e outros.

A disposição geral em favor dos pobres, dos estabelecimentos particulares de caridade, ou dos de assistência, entender-se-á relativa aos pobres do lugar do domicílio do testador ao tempo de sua morte, ou dos estabelecimentos aí situados, salvo se manifestamente constar que tinha em mente beneficiar os de outra localidade. Nestes casos, as instituições particulares preferirão sempre às públicas (art. 1.902). Trata-se, também de um caso de herança ou legado a pessoa incerta. Se o testador deixar, por exemplo, disposição a favor de entidades de assistência a menores carentes, ficará para as entidades da cidade em que estava domiciliado o testador, preferindo-se as entidades privadas.

O erro na designação da pessoa do herdeiro, do legatário, ou da coisa legada anula a disposição, salvo se, pelo contexto do testamento, por outros documentos, ou por fatos inequívocos, se puder identificar a pessoa ou coisa, a que o testador queria referir-se (art. 1.903). Esse artigo consta de duas partes: uma afirmação peremptória e uma exceção. A primeira afirmação contém preceito que se aplica a qualquer ato jurídico, segundo o próprio Código Civil. O erro é um vício do ato jurídico, que poderá normalmente anulá-lo. Se o testamento é um ato jurídico e é viciado, ante essas duas premissas, deve-se concluir que o testamento viciado deve ser atacado de nulidade. O testador quis regalar uma certa e determinada pessoa; constatada que essa pessoa não é aquela que pensava ser o testador, o testamento deve ser anulado.

Há porém uma ressalva e esta é bem confusa: o erro não anula o testamento se for identificada a pessoa ou coisa a quem o testador queria referir-se. Vamos então imaginar uma hipótese e amoldá-la a esta norma. O testador nomeia João de Souza como herdeiro, mas João de Souza não era a pessoa que o testador pensava ser, pelo que foi apurado. O testamento deverá ser considerado inválido. Porém, descobriu-se que a pessoa que o testador pensava nomear era João da Silva, ficando provado ser ele pelo contexto do testamento, por outros documentos ou por fatos inequívocos. Nesse caso, o testamento será validado, mas substituindo-se o herdeiro.

Se o testador nomear certos herdeiros individualmente, e outros coletivamente, a herança será dividida em tantas quotas quantos forem os indivíduos e os grupos designados (art. 1.905). Destarte, Modestino falece, deixando seus bens, em testamento, para: Ulpiano e Paulo, e aos filhos de Pompônio. Ulpiano e Paulo são herdeiros individuais; os filhos de Pompônio são uma coletividade. Nesse caso, ao teor do art. 1.905, Ulpiano receberá um terço da herança, Paulo outro terço e os vários filhos de Pompônio ficarão com o terço restante.

Se forem determinadas as quotas de cada herdeiro, e não absorverem toda a herança, o remanescente pertencerá a herdeiros legítimos, segundo a ordem da sucessão hereditária (art. 1.673). Antes da interpretação desse artigo, é conveniente citar que nem sempre a sucessão é exclusivamente testamentária, mas poderá ser mista. Se o testador tiver filhos, por exemplo, não poderá ele testar toda a sua herança, mas só a metade dela. Nesse caso, a metade da herança segue a sucessão testamentária e a outra metade a sucessão legítima. Examinaremos um modelo: Modestino falece, deixando em testamento a herança a seu irmão Pompônio. Todavia, Modestino tem dois filhos, Ulpiano e Paulo e não poderá legalmente deixá-los sem herança. Nesse processo, Pompônio será o herdeiro testamentário e Ulpiano e Paulo, herdeiros legítimos. Se o testamento abrange apenas os bens indicados ou a metade da herança, é óbvio que os resíduos pertençam aos herdeiros legítimos. Dispondo o testador que não caiba ao herdeiro instituído certo e determinado objeto, dentre os da herança, tocará ele aos herdeiros legítimos (art. 1.908). Voltamos a repetir que o herdeiro instituído é o nomeado em testamento.

Se forem determinados de uns e não os de outros herdeiros, aquinhoar-se-á, distributivamente, por igual, a estes últimos o que restar, depois de completas as porções hereditárias dos primeiros (art. 1.907). Examinaremos outro modelo: Modestino falece, deixando sua herança para Ulpiano, Paulo, Pompônio e Papiniano. Quer porém que Ulpiano fique com 40% da herança e Paulo com outros 40%. A vontade de Modestino é clara e precisa, devendo ser satisfeita com a preferência dada a Ulpiano e Paulo. Os outros 20% deverão ser distribuídos em partes iguais a Pompônio e Papiniano.

Dispondo o testador que não caiba ao herdeiro instituído certo e determinado objeto dentre os da herança, tocará ele aos herdeiros legítimos (art. 1.908).

O testamento é um ato jurídico e como tal está regido pelo Código Civil, que prevê a possibilidade de ser anulado. O código confirma especificamente essa possibilidade no art. 1.909, dizendo que são anuláveis as disposições testamentárias inquinadas de erro, dolo ou coação. O prazo para se anular as disposições defeituosas, extingue-se em quatro anos, prazo esse contado a partir do dia em que o interessado na anulação tiver tomado conhecimento do vício.

A ineficácia de uma disposição testamentária importa a de outras que, sem aquela, não teriam sido determinadas pelo testador (art. 1.910). Não quer dizer que todo o testamento seria considerado ineficaz, mas apenas as cláusulas decorrentes daquela que tiver sido anulada. Tomemos como exemplo: Modestino nomeia como um dos herdeiros Ulpiano, que foi o tabelião que elaborou o testamento. Ora, os arts. 1.801 e 1.802 relacionam certas pessoas que não podem ser nomeadas herdeiros nem legatários, incluindo-se entre eles o tabelião. Essa nomeação é nula, o que não quer dizer que seja nulo também para os outros herdeiros. Se a nomeação de Ulpiano é uma disposição nula, serão nulos também os atos que Ulpiano tiver praticado como herdeiro.

10.5. Cláusula de inalienabilidade

O testador, senhor de sua vontade, poderá dispor de seus bens em favor dos herdeiros testamentários, mas também poderá gravar esses bens com certos ônus. O principal gravame é a cláusula de inalienabilidade, impossibilitando o herdeiro de alienar o bem recebido. A cláusula de inalienabilidade, temporária ou vitalícia, imposta aos bens pelos testadores ou doadores, não poderá, em caso algum, salvo as de expropriação por necessidade ou utilidade pública, e de execução por dívidas provenientes de impostos relativos aos respectivos imóveis, ser invalidada ou dispensada por atos judiciais de qualquer espécie, sob pena de nulidade (art. 1.911).

A inalienabilidade dos bens recebidos em testamento restringe os direitos de propriedade de quem os recebe. Vimos em nossa obra "Direito das Coisas", que a propriedade é o direito de usar, gozar e dispor da coisa (jus utendi, fruendi et abutendi). Com a cláusula de inalienabilidade, o novo proprietário perde o "jus abutendi", por não poder alienar, a qualquer título, o bem recebido.

A privação do "jus abutendi", segundo a lei, pode ser temporária ou vitalícia.

A inalienabilidade vitalícia é a que permanece durante toda a vida do herdeiro, só terminando com sua morte. Não é, porém, eterna, não podendo transmitir-se aos sucessores do beneficiário. É temporária se vigorar por certo tempo.

A inalienabilidade implica ainda na impenhorabilidade e incomunicabilidade. Diz inclusive o art. 649 do Código de Processo Civil, que são absolutamente impenhoráveis os bens inalienáveis e os declarados, por ato voluntário, não sujeitos à execução. Não seria lógico permitir a penhora dos bens inalienáveis, por ensejar fraudes; o herdeiro poderia fazer dívidas fictícias e forçar a penhora e leilão dos bens, facilitando assim a alienação deles.

Deve também implicar na incomunicabilidade dos bens. Ainda que o herdeiro venha a casar-se em regime de comunhão de bens, estes deverão formar um patrimônio exclusivo. Não deverá comunicar-se com o de seu cônjuge por efeito do casamento; senão até o casamento poderá ser utilizado para fraudar a última vontade do testador. Não se deve perder de vista que um dos princípios fundamentais do Direito das Sucessões é o respeito à vontade de quem faleceu. A impenhorabilidade e a incomunicabilidade são decorrência da cláusula de inalienabilidade, sem as quais seria esta sensivelmente dilacerada. Por outro lado, o art. 650 do Código de Processo Civil afirma que podem ser penhorados, à falta de outros bens, os frutos e rendimentos dos bens inalienáveis, salvo os destinados a alimentos de incapazes, bem como de mulher viúva, solteira, desquitada ou de pessoas idosas; após a Lei do Divórcio, incluem-se também as mulheres separadas e divorciadas. Caso porém o testador tenha imposto a impenhorabilidade dos frutos e rendimentos dos bens inalienáveis, essa disposição deverá ser respeitada. Ao ressalvar a penhorabilidade desses valores, o art. 650 do Código de Processo Civil fá-lo com o devido cuidado, permitindo-a apenas "à falta de outros bens".

Uma exceção foi todavia prevista. É possível a alienação por intermédio de expropriação por necessidade ou utilidade pública. Nesse caso, se der alienação de bens, que ficarão sub-rogados, o produto se converterá em outros bens, que ficarão sub-rogados nas obrigações dos primeiros. Procura-se, desta forma, garantir a preservação do patrimônio hereditário, substituindo um bem perdido, por outro. Essa norma, estabelecida pelo art. 1.911, foi confirmada pelo Decreto-lei 6.777/44, que dispõe sobre a sub-rogação de imóveis gravados ou inalienáveis. Segundo esse diploma legal, na sub-rogação dos imóveis gravados ou inalienáveis, estes serão sempre substituídos por outros imóveis ou apólices da Dívida Pública. Se requerida a sub-rogação mediante permuta por Apólices da Dívida Pública, o juiz mandará vender o imóvel em hasta pública, ressalvando ao interessado o direito de conservá-la livre, desde que, antes de assinado o auto de arrematação, ofereça, em substituição, apólices de igual valor ou superior ao do maior lanço acima da avaliação, ou ao desta, na falta de licitante. Por conseguinte, ao mesmo tempo em que a lei abre brecha na inalienabilidade do patrimônio hereditário, compensa com medidas para a recomposição do patrimônio fracionado.

11. DOS LEGADOS

11.1. Conceito e características
11.2. Objeto do legado
11.3. Legado de crédito
11.4. Compensação de créditos
11.5. Legado de alimentos
11.6. Legado de usufruto
11.7. Legado de benfeitorias

11.1. Conceito e características

Chegamos finalmente ao estudo do legado, embora nosso código, desde o início, falasse dele e dos legatários. Vejamos agora o que seja o legado e seus caracteres, bem como a diferença que apresenta perante a herança. O legado é uma disposição testamentária, pois é um ato unilateral, expressando a vontade pessoal do testador; não se observa na sucessão legítima, tanto que vem regulamentado pelo Código Civil, num capítulo logo após ao da sucessão testamentária. Pode ser instituído também em codicilo, se se tratar de bem de pequeno valor.

O legado é uma disposição testamentária pela qual o testador defere um bem determinado, individualizado. É pois uma liberalidade "causa mortis" a título particular, envolvendo bens claramente determinados, como uma aliança de brilhantes, um determinado imóvel situado na Rua Betta, 42, um automóvel Monza, de chapa AEF. 5242. Vê-se então que faz parte do legado uma "res certa" (coisa certa). O beneficiário do legado é chamado de legatário e poderá ele concorrer com os herdeiros legítimos.

Para exato entendimento da questão, devemos estabelecer as características e a distinção entre herança e legado, entre herdeiro e legatário. Na herança, os sucessores recebem os bens a título universal; no legado, o título particular. Vamos examinar uma hipótese: Juliano falece, deixando dois filhos: Teófilo e Crátino. Tinha, porém, há muitos anos, como mordomo, Triboniano. Reconhecendo os bons serviços de Triboniano, Juliano deixa-lhe em testamento uma pequena casa, situada em determinada rua. Esta casa constitui um legado, por ser um bem especificado, desgarrado da herança.

Os filhos de Juliano, Teófilo e Crátino, todavia, ficam com a totalidade da herança, isto é, uma universalidade de bens (universitas juris); eles não recebem a título particular, mas a título universal. Todos os bens de Justiniano entram na herança.

O legado pode ser atribuído a um estranho ou a um próprio herdeiro, mas, em ambos os casos, deve ser pessoa certa e plenamente identificada. Assim, Justiniano deixa sua herança a seus dois filhos, Teófilo e Crátino; todavia, desloca da herança um imóvel utilizado por Teófilo, que o recebe como legado. O patrimônio de Justiniano, já desfalcado do imóvel legado, será dividido, metade a metade, entre seus dois filhos. Teófilo, por seu turno, desempenhará duas posições na sucessão de

Justiniano: a de herdeiro legítimo e a de legatário. Aliás, nesse caso, Teófilo é chamado de prelegatário. Prelegado é o legado contemplado a um herdeiro legítimo.

11.2. Objeto do legado

Qualquer componente do patrimônio pode ser legado e não apenas coisas. Tudo que entra na herança pode constituir legado: coisas, títulos, ações, direitos, prestações de variados tipos. Naturalmente, o objeto mais comum do legado são as coisas. É possível, portanto, legar coisas presentes e futuras. Se o legado for de coisa móvel, que se determine pelo gênero, ou pela espécie, será cumprido, ainda que tal coisa não exista entre os bens deixados pelo testador (art. 1.915).

Comumente, o legado é constituído de coisas existentes à época do testamento e coisas bem determinadas, uma vez que o testador não pretende criar problemas ao contemplado pelo legado e, geralmente, o bem legado está ligado sentimentalmente ao legatário. Por exemplo: a casa em que mora o empregado do testador, o automóvel de seu motorista, o imóvel em que o filho instalou um estabelecimento comercial. Todavia, é possível legar coisa incerta ou genericamente determinada, indicando-se a espécie, quantidade e qualidade. Por exemplo: legar dois (quantidade) caminhões (gênero) Mercedes (espécie). Se, porventura, não houver esses caminhões no patrimônio do testador, deverá o espólio providenciar, com seus recursos, a satisfação da vontade do falecido.

Se o testador ordenar que o herdeiro ou legatário, entregue coisa de sua propriedade a outrem, não o cumprindo ele, entender-se-á que renunciou à herança, ou ao legado (art. 1.913). Se tão-somente em parte pertencer ao testador ou, no caso do artigo antecedente, ao herdeiro ou ao legatário, a coisa legada, só quanto a essa parte valerá o legado (art. 1.914).

O legado pode ser, não só uma coisa, mas uma prestação, o perdão de uma dívida certa e determinada. Pode haver ainda legado com encargo; é ao que estamos agora nos referindo. Exemplifiquemos: Juliano deixou a Labeo cinco apartamentos localizados num prédio, mas, com a condição de Labeo entregar um desses apartamentos a Doroteu. Todavia, Labeo não concorda com essa condição e não entrega o apartamento indicado a Doroteu. Labeo contrariou assim a vontade de Juliano. Presume-se legalmente que Labeo renunciou à herança, perdendo direito a ela (presumptio juris et de jure). No presente caso, Doroteu é chamado de sublegatário. Entretanto, digamos que Juliano impôs a Labeo a transferência, a Doroteu, de um apartamento em que só a metade pertence a este; nesse caso, Labeo estará na obrigação de só transferir a metade que lhe pertence. Juliano não poderia impor a Labeo a transferência de uma coisa que lhe não pertença: essa cláusula seria ineficaz pois o legado de coisa alheia é ineficaz, conforme diz o art. 1.912. Além disso, Juliano estaria obrigando Labeo a praticar um estelionato, transferindo um imóvel que não lhe pertence.

Se o testador legar coisa sua, singularizando-a, só valerá o legado, se, ao tempo do falecimento, ela se achava entre os bens do testador, mas em quantidade inferior à do legado, este só valerá quanto à existente (art. 1.916). Trata-se, neste caso, de uma coisa singularizada, ou seja, de tal maneira individualizada, que não poderá ser substituída ou confundida com outra. Digamos, por exemplo, que o testador deixe de legado um automóvel Mercedes-Benz, vermelho, modelo 1994, chassi VHF4243, de quatro portas, chapa OAB-6391. É um objeto singular, que não pode ser confundido com qualquer outro. Contudo, por ocasião da morte do autor da herança, esse automóvel não mais figurava no patrimônio deste, seja porque ele resolveu vender esse bem, seja porque tenha sido destruído, mas o fato é que ele não existe mais. Em casos assim, não pode haver legado, supondo-se que tenha havido uma variação da vontade (variatio voluntatis) do testador: ele legou o automóvel e depois vendeu-o; supõe-se que tenha resolvido não mais deixar o legado. Digamos porém que o Mercedes-Benz tenha se destruído, exceto o motor; aí o legatário pode receber a fração da coisa legada. Outro exemplo: o testador deixa uma frota de cinco caminhões como legado, mas dois deles ficaram destruídos; o legatário receberá então os três restantes, pois, como diz o art. 1.916 se, porém, a coisa legada existir entre os bens do testador, mas em quantidade inferior à do legado, este só valerá quanto à existente.

O legado de coisa ou quantidade, que deva encontrar-se em certo lugar, só terá eficácia se nele for achada, salvo se removida a título transitório (art. 1.917). Essa situação é semelhante à anterior, mas é o legado de uma coisa, ou quantidade de uma coisa, localizada. Por exemplo: o testador deixa em legado uma casa, guarnecida com seus móveis: cinco mesas e dez cadeiras. Ao averiguar-se, a casa está vazia. Nessas condições, o legatário só recebe a casa.

11.3. Legado de crédito

O legado de crédito, ou de quitação de dívida, valerá tão-somente até a importância desta, ou daquele, ao tempo da morte do testador. Cumpre-se este legado, entregando o herdeiro ao legatário o título respectivo. Este legado não compreende as dívidas posteriores à data do testamento (art. 1.918). Fizemos já menção de que o legado não se constitui apenas de coisas, mas também de direitos, inclusive creditórios. O crédito pode ser legado de formas diversas. Por exemplo, alguém tem uma dívida para com o testador, mas este resolve doar seu crédito ao próprio devedor. Equivale portanto a um perdão (remissão) de dívida, ou a uma cessão de crédito "causa mortis", em que o cedente é o testador e o cessionário, o legatário. Caso essa dívida consista num título de crédito ou qualquer outro documento, cabe ao herdeiro legítimo entregar ao legatário o documento representativo da dívida. Este caso de quitação de dívida "causa mortis" é chamado de "legatum liberationis" (legado de liberação de dívida).

Há porém outra hipótese: o crédito poderá ser contra um terceiro e ser cedido ao legatário, que sucede ao testador, como titular dele. Vamos examinar um exemplo: Justiniano tem um crédito contra Labeo. Entretanto Justiniano morre, deixando seu crédito a Doroteu como legado. Doroteu tornou-se assim o titular desse crédito; foi o sucessor de Justiniano. Doroteu poderá então cobrar esse crédito de Labeo. Deu-se assim o "legatum nominis" (legado do nome), em que o espólio não se responsabiliza pela solvência do crédito; se Labeo não pagar, Doroteu não poderá voltar-se contra a herança de Justiniano.

Deixa claro porém o art. 1.918, que, a dívida é exatamente a que fazia parte do patrimônio do testador, no momento de sua morte, nem mais nem menos. Digamos que havia a dívida de Labeo para Justiniano, quando este fez o testamento; entretanto, antes do falecimento deste, Labeo pagou a dívida. Portanto, ao falecer Justiniano, não mais havia esse crédito contra Labeo, embora constasse, no testamento, o legado dele a Doroteu. Nenhum direito terá portanto Doroteu a esse legado caduco.

11.4. Compensação de créditos

Não o declarando expressamente o testador, não se reputará compensação da sua dívida o legado que ele faça ao credor. Subsistirá integralmente, legado se a dívida lhe foi posterior, e o testador a solveu antes de morrer (art. 1.919). Estamos agora em caso mais complexo: o testador deixa um legado, mas ele tem ainda uma dívida para com o legatário. Nesse caso, não se compensam as dívidas, e o legatário recebe o que lhe foi legado pelo testador, mas permanece como credor dele, podendo cobrar seu crédito contra os herdeiros. Caso o testador declare expressamente que o legado se destina a compensar um débito que ele possua com o legatário, poderá ser feita a compensação, se for contudo aceita pelo legatário; não aceitando a compensação, tem-se como o legatário renunciando ao legado. Todavia, se foi feito o testamento, deixando um crédito como legado, essa disposição não será afetada, se, posteriormente, o testador contrair um débito para com o legatário.

11.5. Legado de alimentos

O legado de alimentos abrange o sustento, a cura, o vestuário e a casa, enquanto o legatário viver, além da educação, se ele for menor (art. 1.920). Não conhecemos caso algum de legado de alimentos no foro de São Paulo, mas nossa lei prevê essa possibilidade, uma vez que, segundo havíamos falado, o legado pode ser constituído não só de coisas, mas também de direitos. O legado é uma liberalidade com que o testador pretende recompensar ou beneficiar o legatário; em vez de legar uma coisa, lega-lhe o pagamento de uma prestação alimentícia, constando do indispensável à vida, como o sustento, tratamento médico e habitação. Se o legatário for menor, a prestação deverá constar também da educação básica. Difícil porém se torna amoldar alimentos desse tipo à legislação geral sobre os alimentos, que é um tanto complexa. Os alimentos são legalmente condicionados à possibilidade do alimentante e à necessidade do alimentado. Digamos então que o legatário contemplado com a prestação alimentícia ganhe na loteria, tornando-se rico; nesse caso, poderá ser suspensa a prestação? Deveria ser suspensa, segundo o direito alimentar, mas a vontade do testador foi contrariada, principalmente se ele próprio fixou o valor da prestação.

11.6. Legado de usufruto

Da mesma forma que se permite o legado de alimentos, também é permitido o do usufruto. Já tivemos oportunidade de tecer breves considerações sobre o usufruto. O legado de usufruto, sem fixação de tempo, entende-se deixado ao legatário por toda a vida (art. 1.921). Por exemplo: o testador lega o usufruto de um imóvel; por esse legado, o usufrutuário poderá usar e gozar do imóvel, enquanto viver, a menos que o testador tenha fixado um prazo para ele. Consoante a lei, a morte do usufrutuário extingue o usufruto, motivo por que ele não se transmite aos seus herdeiros.

11.7. Legado de benfeitorias

Se aquele que legar um imóvel lhe ajuntar depois novas aquisições, estas, ainda que contíguas, não se compreendem no imóvel legado, salvo expressa declaração em contrário do testador, exceto as benfeitorias necessárias, úteis ou voluptuárias feitas no prédio legado (art. 1.922). Podem surgir, nesse caso, várias hipóteses:

a – *Antes* do testamento, o testador edifica obras novas, melhorando e ampliando a capacidade do imóvel. Essas edificações fazem parte integrante do legado, porquanto se presume que o testador quis legar um imóvel com melhor valor e condições de uso.

b – *Após* o testamento, o proprietário faz no próprio terreno legado novas construções; estas não pertencerão ao legado, devendo ser destacada dele a parte do terreno em que foram edificadas.

c – *Após* o testamento, o testador introduz, no imóvel, não construções novas e autônomas, mas obras de melhoria do que já existe, como troca de encanamentos, mudança do telhado, galeria de águas pluviais, planta algumas árvores frutíferas, faz nova pintura, coloca uma cerca. Tratam-se de benfeitorias, tais como referidas nos arts. 96 e 97 do Código Civil; as benfeitorias são consideradas acessórios da coisa.

12. DOS EFEITOS DOS LEGADOS E DO SEU PAGAMENTO

12.1. O direito de pedir
12.2. A quem pedir
12.3. Legado de coisa frutífera
12.4. Legado de renda vitalícia ou prestação periódica
12.5. Legado de quantidades certas
12.6. Legado de coisa determinada pelo gênero e pela espécie
12.7. Legado alternativo
12.8. Responsabilidade dos herdeiros pelo legado
12.9. Despesas e risco do legado
12.10. Legado com encargo

12.1. O direito de pedir

O legado é um benefício que o testador confere ao legatário. Ao ser contemplado, cabe ao legatário aceitar ou não esse benefício: em caso afirmativo irá reclamá-la a quem está obrigado a atendê-lo, geralmente os herdeiros. O primeiro aspecto da aquisição do legado é o momento em que ela ocorre. O legado puro e simples confere, desde a morte do testador, ao legatário o direito, transmissível aos seus sucessores, de pedir aos herdeiros instituídos a coisa legada. Não pode, porém, o legatário entrar, por autoridade própria, na posse da coisa legada (art. 1.923). O direito ao legado surge, assim, no momento da morte do testador, isto é, da abertura da sucessão. Adquire o direito e não a posse; esta será obtida quando o legado for cumprido pelos herdeiros instituídos.

Caso o legatário venha a falecer antes de reclamar a posse da coisa legada, ou durante essa reclamação, o direito transfere-se aos seus sucessores. Por isso, diz o art. 1.923: desde o dia da morte do testador pertence ao legatário a coisa legada, com os frutos que produzir.

O exercício desse direito encontra, às vezes, alguma protelação, porquanto nem sempre o legado é "puro e simples". O direito de pedir o legado não se exercerá, enquanto se litigue sobre a validade do testamento, e, nos legados condicionais, ou a prazo, enquanto penda a condição, ou o prazo se não vença (art. 1.924). O testador cria a obrigação, a ser cumprida por outrem, que nem sempre está em condições de cumpri-la. Nem sempre o testador indica a quem atribui a tarefa de executar sua vontade, o que será apurado no inventário.

12.2. A quem pedir

Vejamos quantas situações diferentes se oferecem. O legatário não pode apossar-se "ex abrupto" do que lhe foi legado; deverá reclamar seu direito a quem foi atribuída a obrigação de atendê-lo. Se o "jus petendi" for puro e simples e o testador nomeou testamenteiro, vale dizer, a pessoa encarregada de executar o testamento, ficará mais fácil. O testamenteiro é uma pessoa determinada, deve ter entrado na posse do espólio desde a abertura da sucessão e será o inventariante dos bens. Ao ser feita a partilha dos bens do "de cujus", cabe ao testamenteiro fazer o pagamento dos quinhões hereditários e dos legados. É pois ao testamenteiro que o legatário deverá apor seu pedido.

Pode entretanto não haver testamenteiro e a herança passa diretamente aos herdeiros. Se houver um só herdeiro, ou se um dos herdeiros for onerado com o encargo de executar a herança e os legados, ficará melhor identificado. Ao ser feita a partilha, esse foi o inventariante e caber-lhe-á fazer o pagamento. Se, no entanto, houver vários herdeiros, será preciso que um deles assuma o encargo de inventariante e represente todos os demais. Nesse caso, o legatário deverá exercer seu direito contra todos os herdeiros, representados por um deles, que tenha assumido a inventariança.

Outra situação pode oferecer-se. A coisa legada não pertence ao testador, mas a um terceiro. O testador deixa sua herança a um herdeiro, mas lhe deixa também o encargo de entregar uma coisa sua como legado a outrem. Nessas condições, necessário se torna que eles aceitem a herança, haja a partilha dos bens e só então se obrigam a pagar o legado.

12.3. Legado de coisa frutífera

O legado pode ser constituído por uma coisa frutífera. O legado em dinheiro vence juros desde o dia em que se constituir em mora a pessoa obrigada a prestá-lo (art. 1.925). O dinheiro é o sugestivo exemplo de uma coisa frutífera. Aplica-se, em caso assim, o princípio de que o acessório segue o principal (accessorium seguitur principale), Há um contraste entre o art. 1.923 e o art. 1925: aquele diz que desde o dia da morte do testador pertence ao legatário a coisa legada, com os frutos que produzir. Entretanto, o art. 1.925, diz que os juros apenas correm desde o dia em que se constituiu em mora o devedor, isto é, desde o dia em que o dinheiro deveria ser entregue e não foi. Nosso código nada diz sobre a correção monetária, mas pensamos que esta deva ser aplicada, embora não incidam juros, senão a vontade do testador teria sido inócua.

12.4. Legado de renda vitalícia ou prestação periódica

Se o legado consistir em renda vitalícia ou pensão periódica, esta, ou aquela, correrá da morte do testador (art. 1.926). Vemo-nos agora a braços com dois outros tipos de legados: a renda vitalícia e a prestação periódica. Como exemplo de renda vitalícia poderíamos indicar o aluguel de alguns imóveis da herança; o testador deixaria alguns imóveis para certa pessoa, mas esta ficaria obrigada a dar uma parte dos aluguéis desses imóveis ao legatário. Prestação periódica poderá ser um pagamento mensal ao legatário. Em ambos os casos, de renda vitalícia ou prestação periódica, o direito do legatário corre a partir do início da sucessão, ou seja, a partir da morte do testador.

12.5. Legado de quantidades certas

Se o legado for de quantidades certas, em prestações periódicas, datará da morte do testador o primeiro período, e o legatário terá direito a cada prestação, uma vez encetado cada um dos períodos sucessivos, ainda que antes do termo dele venha a falecer (art. 1.927): Ao falar em "quantidades certas", a lei refere-se a "valor certo". Por exemplo, o testador deixa como legado um pagamento semestral de Cr$ 100.000,00, tendo falecido em 1.1.2002. O primeiro período começa a ser contado a partir desse dia, encerrando-se em 30.6.02. O pagamento da prestação deverá ser feito desde 1.1.02. Em 1.7.02 o legatário poderá exigir o segundo pagamento, por iniciar-se o segundo período. Essas prestações periódicas, a que se refere o art. 1.927, não dizem respeito a rendas vitalícias, nem pensões periódicas, mas a um pagamento determinado no próprio testamento. Se o legatário não recebeu o segundo pagamento e vier a falecer em 30.7.02, um mês depois de iniciado o segundo período, seus herdeiros poderão reclamar esse pagamento, pois o direito a ele foi adquirido em 1.7.02.

12.6. Legado de coisa determinada pelo gênero e pela espécie

Se o legado consiste em coisa determinada pelo gênero ou pela espécie, ao herdeiro tocará escolhê-la, guardando, porém, o meio-termo entre as congêneres da melhor e pior qualidade (art. 1.929). Cuidamos aqui de coisas não muito bem determinadas, porquanto, se estão determinadas pelo gênero e pela espécie, são coisas semideterminadas. Além disso, a complexidade aumenta por ser o legado optativo, submetida à escolha, ora ao herdeiro, ora ao legatário, ora de outra pessoa. Imaginaremos então algumas hipóteses para melhor compreensão dos variados problemas em que possa haver opções, deixando o testador, como legado, os seguintes bens:

a – uma tonelada de feijão, escolhendo o legatário se for feijão branco, preto, jalo, roxinho ou mulatinho;

b – cem cabeças de gado, escolhidas num rebanho de mil cabeças;

c – dois apartamentos de dois quartos, escolhidos entre os do espólio.

A escolha do legado caberá ao herdeiro, pois o legatário haveria de escolher o melhor, chocando seus interesses com os do herdeiro. Supõe-se normalmente que o testador queira beneficiar o legatário, mas sem afrontar o interesse de seus herdeiros, geralmente seus filhos ou sua esposa. Por outro lado, a tendência do herdeiro seria a de optar pelo pior, e, para tanto, a lei refreia essa tendência, estabelecendo um meio-termo quanto à qualidade do bem legado: nem o melhor nem o pior.

A mesma regra observar-se-á, quando a escolha for deixada ao arbítrio de um terceiro; e, se este não a quiser, ou não puder exercer, ao juiz competirá fazê-la, guardado o disposto no artigo anterior, última parte (art. 1.930). Consoante nossa afirmação anterior, a escolha, do bem legado, pode ser feita pelo herdeiro, por um terceiro ou pelo legatário. Quando o testador estabelecer que a escolha fique a cargo de um terceiro, os critérios estabelecidos permanecem os mesmos preconizados pelo art. 1.929 para a escolha do herdeiro. Para que o terceiro não assuma partidarismo entre o herdeiro e o legatário, ele não poderá escolher o melhor bem, nem o pior; deverá adotar um meio-termo, eqüitativamente. Caso o terceiro nomeado no testamento não exerça essa opção, a escolha será feita judicialmente, devendo o juiz observar uma escolha eqüitativa, como acontece com o herdeiro-onerado e com o terceiro.

Se a opção for deixada ao legatário, este poderá escolher, do gênero determinado, a melhor coisa que houver na herança; e, se nesta não existir coisa de tal espécie, dar-lhe-á de outra congênere o herdeiro, observada disposição do art. 1.929, última parte (art. 1.931). É a terceira situação quanto ao autor da escolha; desta feita, fica a opção a cargo do próprio legatário. Os critérios, neste caso, modificam-se. O testador confere ao legatário a faculdade de escolher qual será o bem da herança, não individualizado, isto é, indicado apenas pelo gênero ou pela espécie. Nesse caso, a opção é dele e poderá ele escolher, entre os bens do gênero ou espécie indicados, o que melhor lhe convier. Todavia, se não houver o bem, do gênero ou espécie indicados, na herança, deverá ser atendido o legatário, no pressuposto de que tenha sido esta a vontade do testador.

Nesse entendimento, porém, inverte-se a faculdade de opção; caberá ao herdeiro escolher uma coisa do gênero ou espécie indicados pelo testador, para a entrega ao legatário. Deverá porém o herdeiro agir de forma eqüitativa: não escolher nem o melhor nem o pior.

12.7. Legado alternativo

No legado alternativo, presume-se ao herdeiro a opção (art. 1.932). Considera-se alternativa a opção que poderá pender para uma coisa ou outra. Por exemplo: dois bois ou dois cavalos, um apartamento ou uma casa, móveis ou automóveis. Fica então reservada ao herdeiro a obrigação de qual das alternativas ele escolherá, a menos que o testador tenha reservado essa escolha a terceiro ou ao legatário. Esse critério segue a norma geral a respeito das obrigações alternativas, que são regulamentadas pelo Código Civil. A norma geral que corresponde à norma especial referente ao Direito das Sucessões consta:

> "Nas obrigações alternativas, a escolha cabe ao devedor, se outra coisa não se estipulou".

Disposição idêntica ocorre também para as coisas incertas; referente a coisas determinadas pelo gênero ou espécie:

> "Nas coisas determinadas pelo gênero e pela quantidade, a escolha pertence ao devedor, se o contrário não resultar do título da obrigação. Mas não poderá dar a coisa pior, nem será obrigado a prestar a melhor".

Se o herdeiro, ou legatário, a quem couber a opção, falecer antes de exercê-la, passará esse direito aos seus herdeiros. Desde a abertura da sucessão do testador, o direito ao legado transmite-se ao legatário e se integra em seu patrimônio esse direito. Tem ele o direito à opção e se falece antes de fazê-la, esse direito que já lhe pertence, passa a seus sucessores.

12.8. Responsabilidade dos herdeiros pelo legado

Instituindo o testador mais de um herdeiro, sem designar os que hão de executar os legados, por estes responderão, proporcionalmente

119

aos que herdarem, todos os herdeiros instituídos. Se o testador cometer designadamente a certos herdeiros a execução dos legados, por estes só aqueles responderão. O problema de quem ficará encarregado de colocar em prática a vontade do "de cujus" já foi tratado diversas vezes, mas a lei volta-se para ele, de vez em quando. O assunto agora tratado é como terão de agir as pessoas que o testador instituir como incumbidas desse encargo. Vimos que a execução do legado pode ficar a cargo de um herdeiro, de um terceiro, ou do legatário.

Surge agora uma situação mais complexa: o testador institui vários herdeiros, mas não indica qual deles encarregar-se-á de colocar em prática sua vontade. Nesse caso, todos os herdeiros instituídos ficarão encarregados e o legatário poderá reclamar de qualquer deles a coisa legada e eles responderão pelo legado na proporção de sua parte na herança. Se, entretanto, o testador instituir um ou mais herdeiros, entre todos eles, para responsabilizarem-se pelo cumprimento do legado, só estes nomeados responderão pelo encargo.

Se algum legado consistir em coisa pertencente a herdeiro ou legatário, só a ele incumbirá cumpri-lo, com regresso contra os co-herdeiros, pela quota de cada um, salvo se o contrário expressamente dispuser o testador. Conforme já foi estudado, é possível que o testador legue uma coisa que não lhe pertence, mas a um herdeiro ou outro legatário. Por exemplo: Papiniano deixa dois herdeiros: Pompônio e Triboniano. Entretanto, deixa em legado a Modestino um bem que pertence a Pompônio, que é seu herdeiro. Pompônio será obrigado a dar para Modestino esse bem, senão terá que renunciar à herança que lhe foi deixada em testamento por Papiniano. A obrigação é toda de Pompônio, mas este poderá voltar-se contra Triboniano, para o ressarcimento proporcional; Triboniano arcará então com a metade do valor do bem deslocado do patrimônio de Pompônio.

12.9. Despesas e risco do legado

As despesas e os riscos da entrega do legado correm por conta do legatário, se não dispuser diversamente o testador (art. 1.936). O legatário é o beneficiário do testamento, e vê aumentado seu patrimônio com o bem recebido. Cabe-lhe reclamar a entrega desse bem. Se lhe cabe essa iniciativa e o interesse da questão é toda dele, natural será que lhe caibam também as custas pelo pedido. Será o caso do pagamento do imposto de transmissão "causa mortis" (sisa) e outros impostos.

A coisa legada entregar-se-á, com seus acessórios, no lugar e estado em que se achava ao falecer o testador, passando ao legatário com todos os encargos que onerarem (art. 1.937). O legatário deverá receber o legado de acordo com a vontade do testador, ou seja, conforme ele estava no momento da morte deste último. Deverá constar do principal e acessórios, com os acréscimos e também com os encargos. Imaginemos a aplicação da lei em que a coisa legada era um sítio, pequena propriedade agrícola. O legatário deveria receber o bem no lugar em que se encontrava e no mesmo estado de conservação. Este sítio poderia ser constituído de um terreno e uma casa, tendo como acessórios um paiol de milho, galinhas, porcos ou árvores que tenham lá medrado. Os documentos referentes a esse imóvel também constituem acessórios, bem como chaves, um arado, uma carroça e outros apetrechos próprios do tipo de atividade do sítio. Ao receber essa propriedade, o legatário, como também o herdeiro, recebê-lo-á com os encargos ou ônus que eventualmente a acompanhem, como impostos, uma possível penhora, ou gravames como penhor, hipoteca ou anticrese.

12.10. Legado com encargo

Há possibilidade de a coisa legada ser deixada com encargo pelo testador.

Apresenta ampla analogia com a doação com encargo. A doação é um acordo pelo qual uma pessoa, chamada doador, transfere gratuitamente partes de seu patrimônio a outra, chamada donatária, que os aceita. Estabelece que, havendo uma doação com encargo, o donatário é obrigado a cumprir os encargos da doação, caso forem a benefício do doador, de terceiros, ou do interesse geral. Se o donatário não cumpre o encargo, a doação se revoga, por ingratidão do donatário.

Assim acontece com o legado com encargo. Digamos, por exemplo, que o testador deixou o sítio em legado, mas sob a condição de o legatário doar meia dúzia de porcos a um asilo. Se o legatário não cumprir a vontade do testador, supõe-se que não tenha aceito o legado e deve ser excluído da sucessão.

13. DA CADUCIDADE DOS LEGADOS

13.1. Conceito e causa de caducidade do legado
13.2. Caducidade do legado alternativo
13.3. Caducidade pela modificação da coisa
13.4. Alienação da coisa
13.5. Perecimento ou evicção da coisa
13.6. Exclusão do legatário
13.7. Pré-morte do legatário

13.1. Conceito e causa de caducidade do legado

O legado é como o próprio testamento; pode ser revogado, anulado ou caducar. É perecível. A caducidade é a perda de um direito, em vista de um evento posterior que lhe tirou a força. Caducar origina-se etimologicamente, ao que parece, do verbo latino "cadere" = cair, falhar, morrer. Podem caducar um título de crédito, um direito, um contrato, por várias causas. O mesmo acontece com o legado, que poderá caducar por outras razões, previstas no art. 1.939. Caducará o legado:

I – se, depois do testamento, o testador modificar a coisa legada, ao ponto de já não ter a forma, nem lhe caber a denominação que possuía;

II – se o testador alienar, por qualquer título, no todo, ou em parte, a coisa legada. Em tal caso, caducará o legado, até onde ela deixou de pertencer ao testador;

III – se a coisa perecer, ou for evicta, vivo ou morto o testador, sem culpa do herdeiro ou legatário incumbido do seu cumprimento;

IV – se o legatário for excluído da sucessão, nos termos do art. 1.815.

V – se o legatário falecer antes do testador.

Não se confunde também a caducidade do legado com a do testamento. Sendo anulado o testamento, natural que também o legado perca sua força originária, por ser parte integrante daquele. Com a caducidade do legado, o bem retorna à massa hereditária, para entrar posteriormente na partilha aos herdeiros.

I – A primeira hipótese de caducidade do legado é de, depois do testamento, o testador modificar a coisa legada, ao ponto de já não ter a forma nem lhe caber a denominação que possuía. Digamos que o testador deixa ao legatário uma casa residencial. Posteriormente derruba essa casa, sobrando só o terreno. Doou uma casa como legado mas essa casa não mais existe. Interpreta-se que o testador revogou seu legado. Além disso, perdeu-se o direito por falta de objeto. O testador não tem mais o que legar. Vamos citar outro exemplo: o testador deixa um broche de ouro mas depois manda derreter o broche legado, transformando-o num lingote. Não há mais o broche mas o lingote e o testador não disse que doaria o lingote.

Há casos duvidosos que só serão resolvidos no exame da vontade do testador. Digamos que o testador deixa um terreno ao legatário mas depois constrói casa nesse terreno. A coisa legada foi um terreno e não uma casa. Todavia, o que se constrói num terreno adere a este; faz parte dele. O locatário receberá então o terreno e logicamente a casa que construiu é acessório dele.

Outro caso: o legado consta de um terreno, mas depois esse terreno foi alargado, adicionando-se a ele outro terreno. Se o terreno doado tinha sido devidamente delimitado, com a metragem definida, o terreno adicionado depois não deverá entrar no legado.

II – Também caducará o legado se o testador por qualquer título, alienar no todo ou em parte a coisa legada; nesse caso, caducará até onde ela deixou de pertencer ao testador. Digamos que o testador deixa um imóvel em legado, mas esse imóvel não mais pertence ao testador e ninguém pode dar o que não tem, muito menos o que pertence a outrem.

III – Vamos ao terceiro caso em que poderá caducar o legado: se a coisa perecer ou for evicta, vivo ou morto o testador, sem culpa do herdeiro ou legatário incumbido do seu cumprimento. É o caso de um automóvel deixado como legado; ele pega fogo e fica reduzido a cinzas. Não há mais o que legar; não há legado por falta de objeto.

Surgem também casos duvidosos, que exigem interpretação da vontade do autor do legado. Digamos que ele tenha legado um imóvel, mas esse imóvel foi desapropriado. Não houve perecimento do imóvel mas deixou ele de pertencer ao autor. E o preço da desapropriação? Deveria pertencer ao legatário? Achamos que não, pois o legado foi de imóvel e não de dinheiro. Seria situação semelhante à perda do imóvel pela evicção. Deixou também de pertencer ao autor. Se um agricultor deixa em legado cem sacas de feijão; ainda que sejam elas vendidas, deve permanecer o legado. Na morte do testador, deve o inventariante providenciar as cem sacas. Se o agricultor tiver vendido sua fazenda e não mais possui mercadoria do gênero ou espécie, o legado caducará. Não mais deve existir na mente do testador a vontade de legar.

IV – Caducará o legado se o legatário for excluído da sucessão por indignidade. Essa questão foi examinada no Capítulo 5: "Dos Excluídos da Sucessão". Indignidade é, por exemplo, um sucessor que atenta contra a vida do autor da herança. Não se faz digno de ser herdeiro e por isso fica excluído. Por exemplo, Labeo doa em legado um imóvel a seu filho Gaio, porém Gaio mata Labeo dolosamente. Não teria sentido Gaio beneficiar-se com a morte de Labeo.

V – Finalmente, caducará o legado se o legatário falecer antes do testador. Vamos dizer que Labeo deixa legado a Gaio mas falece antes de Labeo. O legado deve ser objeto de transmissão "causa mortis", o que não poderia acontecer se o legatário não mais existe. É uma doação pessoal; Labeo deixou o legado para Gaio e não para outra pessoa; não pode ser transferido aos sucessores de Labeo, pois o bem legado não chegou a pertencer a ele.

Não se confunde também a caducidade do legado com a do testamento. Sendo anulado o testamento, natural que também o legado perca sua força originária, por ser parte integrante daquele. Com a caducidade do legado, o bem retorna à massa hereditária, para entrar posteriormente na partilha aos herdeiros.

Note-se que no art. 1.939 é usada a palavra "coisa" não com sentido técnico-jurídico que lhe dá o Direito das Coisas. É aqui usada com sentido de algum bem que possa constituir a herança, como por exemplo, um direito. É o caso de um compositor que deixa em legado os direitos autorais de uma música.

13.2. Caducidade do legado alternativo

Se o legado for de duas ou mais coisas alternativamente, e algumas delas perecerem, subsistirá quanto às restantes. Perecendo parte de uma, valerá, quanto ao seu remanescente, o legado (art. 1.940). O legado alternativo já foi estudado neste compêndio. É aquele em que o herdeiro poderá escolher, entre diversas coisas, qual delas entregará como legado. Se, entre duas coisas, uma delas perecer, o legado não caduca, mas a coisa restante subsistirá. Digamos que o testador tenha deixado como legado uma coisa a ser escolhida entre duas: um boi e um cavalo. Se o cavalo morre, subsiste o boi e terá o legatário que se contentar com ele. Ou então, tenha deixado um boi e cem galinhas, mas trinta galinhas morreram; nesse caso, o herdeiro escolherá o boi ou as setenta galinhas restantes.

13.3. Caducidade pela modificação da coisa

Ao conceder o legado de uma coisa, o testador deixa bem especificada essa coisa. O legatário não deve receber nem mais nem menos do que aquilo que lhe foi conferido. Entretanto, após o testamento, o testador modifica a coisa de forma tão profunda que altera sua substância, sua essência. Deste modo, aquela coisa deixou de ser o que era. Por exemplo: o testador deixou ao legatário uma casa, um edifício residencial. Depois derrubou inteiramente esse edifício, só ficando o terreno. Interprete-se a atitude do testador como tendo revogado sua decisão, pois não mais existe a casa a ser legada. Quem passar por aquele terreno não poderá dizer que lá existe uma casa.

13.4. Alienação da coisa

Após o testamento, o testador aliena a coisa deixada em legado, fazendo com que ela saia de seu patrimônio. Tem-se essa atitude como manifestação da vontade do testador em retirar o benefício. Não importa de que maneira o testador tenha feito a alienação; se vendeu, doou ou trocou. Fato é que provocou a saída, do bem legado, de seu patrimônio. Entretanto, uma dúvida surge: se o testador deixou uma casa e esta foi desapropriada pelo Poder Público? Nesse caso, o bem não foi alienado pelo testador, mas saiu de seu patrimônio por causa alheia à sua vontade. E a lei fala: "Se o testador alienar". Em caso semelhante, somos de parecer de que o legado não caducou, tendo o legatário o direito de requerer a adjudicação do dinheiro que tiver sido pago pelo Poder Público, pela desapropriação. Se o testador deixou de legado um terreno e posteriormente alienou parte desse terreno, permanece o legado da parte que não foi alienada.

13.5. Perecimento ou evicção da coisa

Dois casos de caducidade do legado são indicados no inciso III do art. 1.939: pelo perecimento da coisa legada e pela sua evicção. Vejamos alguns exemplos: um automóvel pega fogo e é totalmente destruído, ou então é roubado; um rebanho é dizimado por uma doença; uma jóia é furtada e não mais é recuperada, uma colheita não vingou por ter sido destruída por um temporal. Em casos assim, caduca o legado por falta de objeto; a coisa legada não existe mais. E, se porventura, a coisa legada for protegida por seguro, poderá o legatário receber o valor correspondente? Nosso parecer é de que o legado caducou pelo perecimento da coisa, e o recebimento do seguro é um fato posterior e aleatório. O testador não doou um seguro, mas uma coisa, senão deixaria expresso o benefício e feito um contrato de seguro em nome do legatário. Não cabe ao legatário o direito de reclamar o valor do seguro.

Se uma casa for destruída por incêndio, subsistirá o legado? Neste caso, o bem não foi totalmente destruído, pois o terreno permanece; terá pois o legatário o direito de pedir o terreno e o que tiver sobrado da casa destruída, ainda que sobrem só as cinzas.

É conveniente aplicar a esses casos o princípio de que o perecimento da coisa não deve se dar por obra do testador. Se este atear fogo à casa, entende-se que o fez para retirar o benefício do legado. Também não pode haver culpa do herdeiro. Se o testador encarregou um herdeiro de cumprir o legado e este herdeiro, fez com que a coisa legada se perdesse, o legatário terá direito de exigir reparação pelo dano sofrido, perante o próprio espólio.

Outro caso de caducidade do legado é a perda da coisa pela evicção. Dá-se a evicção quando o proprietário de uma coisa a perde, em virtude de uma sentença judicial, visto que essa coisa foi considerada judicialmente como vendida ao proprietário por um "non-domino", isto é, quem a vendeu não tinha o direito de vender, por não ser o proprietário. Destarte, Pompônio deixou, como legado, uma casa a Cláudio, casa essa que lhe foi vendida por Labeo. Após o testamento, antes ou após a morte de Pompônio, Marciano empreende ação anulatória da venda dessa casa, de Labeo para Pompônio, alegando que Labeo usara de fraude para fazer-se proprietário dessa casa. O juiz julgou procedente essa ação, fazendo com que a propriedade dessa casa voltasse para Marciano. Assim sendo, Labeo perdeu o direito de propriedade sobre essa casa e, portanto, nula foi a transferência para Pompônio. Por força da evicção, Pompônio não é mais o dono da casa e, se ele a legou a Cláudio, o legado perdeu seu objeto, caducou.

13.6. Exclusão do legatário

Pode o legatário ser excluído da sucessão testamentária por indignidade, enfim deixou ele de ter direito ao legado. Nessas condições, o legado considerar-se-á caduco. Os casos de indignidade estão previstos no código e foram estudados como causas da exclusão da herança. Presume-se que o testador não queira que parte de seu patrimônio vá parar nas mãos de quem mostrou ser seu inimigo.

13.7. Pré-morte do legatário

É possível que o legatário venha a falecer antes do testador. Um morto não tem condições jurídicas de reclamar um legado. Os sucessores do legatário não terão também qualquer direito, uma vez que o legado não chegou a integrar o patrimônio do legatário. Falecendo o legatário, seu direito já caduca antes do falecimento do testador, pois o legado é um ato "intuitu personae". O testador quis beneficiar uma certa e determinada pessoa e não seus descendentes.

14. DO DIREITO DE ACRESCER ENTRE HERDEIROS E LEGATÁRIOS

14.1. Conceito
14.2. Causas do surgimento do direito
14.3. No legado do usufruto

14.1. Conceito

O direito de acrescer entre co-herdeiros e legatários consiste na aquisição que eles fazem da parte de outro herdeiro ou legatário, que não a tenha recebido. Examinemos uma hipótese: Labeo deixa seu patrimônio em testamento, para ser dividido entre três herdeiros: Teófilo, Crátino e Doroteu. Acontece porém que Teófilo não recebe a sua parte, o seu quinhão. Seja porque ele renunciou à herança, ou se ele morreu antes do testador, ou se ele foi declarado indigno, mas fato é que ele não vai receber o seu quinhão hereditário. O que será feito então da parte de Teófilo? Ela irá acrescer as partes de Crátino e de Doroteu; estes deveriam receber um terço da herança, cada um, mas receberão agora metade cada um. É o que se chama direito de acrescer: Crátino e Doroteu acresceram seus quinhões, com o quinhão de Teófilo. Num sentido geral, acrescer é juntar, adicionar, aumentar, acrescentar.

Verifica-se o direito de acrescer entre co-herdeiros, quando estes, pela mesma disposição de um testamento, são conjuntamente chamados à herança em quinhões não determinados. Aos co-legatários competirá também este direito, quando nomeados conjuntamente a respeito de uma só coisa, determinada, certa, ou quando não se possa dividir o objeto legado, sem risco de deteriorar.

14.2. Causas do surgimento do direito

Para que surja o direito de acrescer, devem ocorrer quatro hipóteses: – falecimento do herdeiro ou legatário antes do testador; – renúncia à herança; – exclusão da herança; – não se verificar a condição. Se um dos herdeiros nomeados morrer antes do testador, renunciar à herança ou dela for excluído, e, bem assim se a condição sob a qual foi instituído não se verificar, acrescerá o seu quinhão, salvo o direito do substituto à parte dos co-herdeiros ou co-legatários, conjuntos (art. 1.943). Quando não se efetua o direito de acrescer, transmite-se aos herdeiros ilegítimos a quota vaga do nomeado (art. 1.944). Assim sendo, ocorrendo uma ou mais das quatro hipóteses referidas, os co-herdeiros ou co-legatários terão o direito de acrescer, isto é, de receber a parte que tenha caducado, para um dos co-herdeiros ou co-legatários. Se, porventura, os demais não puderem exercer o direito de acrescer, o quinhão que ficara vago retorna ao patrimônio do testador; será então redistribuído aos herdeiros legítimos. Há uma exceção ao caso: se o testador nomear um substituto para o herdeiro cuja parte tenha caducado; neste caso, o quinhão é recebido pelo substituto indicado no testamento.

Contudo, ao acrescer seu quinhão com o quinhão que ficara vago, os co-herdeiros ou co-legatários beneficiados poderão recolher também encargos. Os co-herdeiros, a quem acrescer o quinhão do que deixou de herdar, ficam sujeitos às obrigações e encargos que o oneravam. Esta disposição aplica-se igualmente ao co-legatário, a quem aproveita a caducidade total ou parcial do legado. Se existem conseqüências favoráveis para o direito de acrescer, existem também as desfavoráveis. Por exemplo: se os herdeiros ou legatários estavam obrigados a pagar um legado e foi excluído, essa obrigação transmite-se junto com seu quinhão aos demais herdeiros ou legatários.

Não existindo o direito de acrescer entre os co-herdeiros, a quota do que faltar acresce ao herdeiro, ou legatário, incumbido de satisfazer esse legado, ou a todos os herdeiros, em proporção dos seus quinhões, se o legado se deduziu da herança. Logo, se inexistir o direito de acrescer entre os co-legatários, surgirão duas hipóteses. Uma delas: a quota vacante irá acrescer a quota do herdeiro ou legatário a quem incumbe o pagamento do legado, pois ele já está onerado e justa será essa compensação, que lhe conceda melhor posição para cumprir a vontade do testador. A outra hipótese: o legado foi subtraído da herança; nesse caso a herança saiu da parte dos herdeiros e portanto deve voltar à própria herança, para ser dividido entre os herdeiros, na proporção de seus quinhões.

Vamos procurar analisar um modelo de ocorrência dentro dessa disposição jurídica. Triboniano falece, deixando em testamento, entre outros bens, um prédio a quatro pessoas: Teófilo, Crátino, Doroteu e Isidoro. Teófilo foi indicado por Triboniano como o seu testamenteiro, encarregado de colocar em prática as disposições testamentárias. Acontece porém que Isidoro morrera pouco antes de Triboniano. Duas situações diferentes podem-se observar, com as soluções previstas no art. 1.944:

a – o prédio legado ainda faz parte do espólio de Triboniano – nesse caso, o quinhão que caberia a Isidoro acrescerá o de Teófilo, por ser ele quem está incumbido de satisfazer a vontade de Triboniano. Será como se fosse um tipo de remuneração pelos serviços "post-mortem" prestados ao testador.

b – o prédio legado já fora deduzido do espólio – o quinhão de Teófilo, ou seja, 25% do valor do prédio, volta à herança; para ser distribuído entre todos os herdeiros, na proporção de seus quinhões.

14.3. No legado de usufruto

O Direito das Sucessões é chamado várias vezes para solucionar os problemas relacionados a bens gravados com usufruto. Por diversas vezes, neste compêndio, foram analisados alguns desses problemas. Vamos recapitular levemente o sentido de usufruto. É um direito real, mais precisamente um "jus in re aliena" (direito sobre coisa alheia). "Usufructus est jus alienis rebus utendi et fruendi, salva rerum substantia" = usufruto é o direito de usar e gozar a coisas alheias, salva a substância delas. Relatemos um exemplo: Labeo tem uma casa, mas entrega essa casa em usufruto a seus pais: Justiniano e Teodora. Os pais poderão usar e gozar da casa de Labeo; poderão morar nela e sublocá-la, ou então locá-la, auferindo o aluguel. Só não poderão aliená-la pois não lhes pertence; é de Labeo. Nessa relação de usufruto, Labeo é chamado de nu-proprietário e seus pais os usufrutuários.

Legado um só usufruto conjuntamente a duas ou mais pessoas, a parte da que faltar acresce aos co-legatários. Se, porém, não houve conjunção entre estes, ou se apesar de conjuntos, só lhes foi legada certa parte do usufruto, à medida que eles forem faltando (art. 1.946). O usufruto é, destarte, um bem, um direito que pode ser legado pelo usufrutuário. Por exemplo, Labeo constituiu usufruto para seus pais: Justiniano e Teodora. Teodora contudo poderá legar seu direito de usufruto à sua irmã, Terência.

Ao falar em "usufruto conjuntamente a duas ou mais pessoas" refere-se o art. 1.946 ao instituto da "conjunção", que adquire aqui um matiz especial. Dois ou mais herdeiros podem ser chamados à herança em quinhões não determinados; se não houver essa conjunção e os quinhões são determinados. Se o testador disser que o legatário deverá receber o legado de Cr$ 100.000,00, não deve esse valor ser acrescido, pois não foi essa a vontade manifestada pelo testador. A este respeito, torna-se então bem claro.

Verifica-se o direito de acrescer entre co-herdeiros, quando estes, pela mesma disposição de um testamento, são conjuntamente chamados à herança em quinhões não determinados.

É possível também que vários legatários sejam chamados para um legado de usufruto. Se houver um deles excluído do legado, sua parte acresce a parte dos demais, isto é, enriquece a parte dos demais.

15. DA CAPACIDADE PARA ADQUIRIR POR TESTAMENTO

15.1. Conceito

15.2. Incapacidade absoluta

15.3. Incapacidade relativa

15.4. Fraudes testamentárias

15.1. Conceito

Em capítulo anterior, foram feitas algumas considerações sobre a capacidade testamentária. A princípio foi falado sobre a capacidade ativa, ou seja, de poder fazer o testamento, mais precisamente, do testador. Chegamos agora ao estudo da capacidade passiva, isto é, de quem pode ser o beneficiário do testamento, especificamente, do herdeiro e do legatário. Não se confunde capacidade civil com capacidade testamentária. Um recém-nascido, por exemplo, pode ser absolutamente incapaz para a prática dos atos da vida civil, mas a idade não o torna incapaz para herdar. Vejamos então quais as pessoas que não podem herdar.

15.2. Incapacidade absoluta

Podem adquirir por testamento as pessoas existentes ao tempo da morte do testador, que não forem legalmente declaradas incapazes. É preciso que o beneficiário esteja vivo por ocasião da morte do testador, caso contrário não terá personalidade jurídica, nem existência legal. Entretanto, o art. 2.º do Código Civil reconhece alguns direitos de quem está para nascer:

> "A personalidade civil do homem começa do nascimento com vida, mas a lei põe a salvo desde a concepção os direitos do nascituro".

Os direitos a que se refere o art. 2.º são principalmente os direitos sucessórios. Assim, falece um pai de dois filhos, mas sua mulher está grávida. Aberta a sucessão, mesmo sem ter nascido, o filho por nascer entrará na partilha com seus dois irmãos. O mesmo ocorre com o testamento ou o legado: o testador doa um bem em legado a uma pessoa que espera um filho; falece o testador e o legatário reclama a coisa legada, mas logo ocorre seu falecimento. O filho, que já estava concebido por ocasião da morte do testador, poderá reclamar o legado, por intermédio de seu representante legal.

Se não estava concebido, porém, não lhe caberá esse direito, pois que ele não tinha uma "expectativa de vida", como acontece com o nascituro. São absolutamente incapazes de adquirir por testamento os indivíduos não concebidos até a morte do testador, salvo se a disposição deste se referir à prole eventual de pessoas por ele designadas e existentes ao abrir-se a sucessão. Há portanto uma abertura nesse sentido: o testador pode beneficiar em testamento uma pessoa certa e determinada, nomeando também o substituto, caso o beneficiário falecer. O substituto poderá ser então o filho que o beneficiário tiver, mesmo que esse filho nem concebido esteja. Ressalte-se novamente que o "jus acquirendi" surge no momento da abertura da sucessão.

15.3. Incapacidade relativa

Não podem também ser nomeados herdeiros, nem legatários:
I – a pessoa que, a rogo, escreveu o testamento, nem o seu cônjuge, ou seus ascendentes, descendentes e irmãos;
II – as testemunhas do testamento;
III – a concubina do testador casado;
IV – o oficial público, civil ou militar, nem o comandante ou escrivão, perante quem se fizer, assim como o que fizer, ou aprovar o testamento;
Trata-se de caso diferente: são pessoas civilmente capazes para os atos da vida civil. Todavia, há para elas uma incompatibilidade para serem beneficiadas, em vista de sua participação na feitura do testamento. É o exemplo de o escrivão do cartório, em cujo testamento também seja o herdeiro ou legatário, assinar o testamento como testemunha, isto é, testemunhar um ato que ele mesmo pratica.
Importante, delicada e sugestiva é a incapacidade da concubina de um homem casado, para herdar por testamento. O Direito das Sucessões parece ser o algoz da concubina, vedando-lhe taxativamente certos direitos, mas nada diz a respeito do concubino. Poderia uma mulher casada deixar um legado a seu concubino? A lei não proíbe essa disposição testamentária. Aplicar a analogia não será processo muito seguro de raciocínio, ante o machismo que domina o direito brasileiro.

15.4. Fraudes testamentárias

São nulas as disposições em favor de incapazes, ainda quando simulem a forma de contrato oneroso, ou os beneficiem por interposta pessoa. Reputam-se pessoas interpostas o pai, a mãe, os descendentes e o cônjuge do incapaz. A lei fulmina as fraudes com a pena de nulidade das disposições testamentárias. Aplicam-se nesses casos as normas gerais da teoria das nulidades, tratada na Parte Geral do Código Civil. Os vícios do ato jurídico são o erro, o dolo, simulação e fraude. No caso presente, a lei cuida especificamente da simulação. Por intermédio da simulação, o testador procura burlar a lei, beneficiando um incapaz, em detrimento de herdeiros legítimos.

A simulação (simulatio = fingimento) é o artifício pelo qual uma pessoa procura atingir um objetivo socialmente condenável e proibido pela lei, mas dando a esse artifício a aparência de legal e louvável. Pratica-se então um ato jurídico, vedado pela lei, sob um disfarce legal.

16. DOS HERDEIROS NECESSÁRIOS

16.1. Herdeiros legítimos e necessários
16.2. Porção reservada e porção disponível
16.3. Proteção dos interesses hereditários
16.4. Exclusão dos colaterais

16.1. Herdeiros legítimos e necessários

Encontram-se na sucessão dois tipos de herdeiros: legítimos e necessários. Os herdeiros necessários são aqueles que não podem ser excluídos da sucessão, por vontade do testador. A sucessão necessária baseia-se no princípio geral de que a estabilidade da família repousa nos laços de sangue. Na trilha desse princípio, o patrimônio familiar passa de pai a filho, como acontece em todo o mundo, inclusive nos países da antiga cortina de ferro. Por conseguinte, um pai não pode excluir seus filhos da sucessão, nomeando terceiros, pois seria uma forma de desagregação familiar.

O testador que tiver descendente ou ascendente ou cônjuge sucessível não poderá dispor de mais da metade de seus bens; a outra pertencerá de pleno direito ao descendente e, em sua falta, ao ascendente e ao cônjuge, dos quais constitui a legítima. A legítima é a metade dos bens da herança, que pertence, de pleno direito, aos herdeiros necessários; dessa metade, são abatidas as dívidas e as despesas do funeral. Adiciona-se porém a ela o valor dos bens sujeitos à colação. Calcula-se a legítima sobre o valor dos bens existentes na abertura da sucessão.

Portanto, o testador, para ser atingido pela restrição, precisa ter filhos; se não tiver filhos, os pais; enfim precisa ter parentes em linha reta. Se tiver pois descendentes ou ascendentes em linha reta, o testador não poderá testar todo o seu patrimônio, mas apenas 50% dele. Os outros 50% irão forçosamente para os filhos e, se não houver filhos, para os pais. Se o testador for casado, só poderá dispor em testamento 25% do seu patrimônio, porquanto terá que respeitar a meação do cônjuge. Caso o testador não tenha filhos nem pais, ou seja, parentes em linha reta, poderá então dispor livremente de seu patrimônio.

16.2. Porção reservada e porção disponível

Por esta forma, o patrimônio de uma pessoa é dividido idealmente em duas partes: a legítima e a disponível. A legítima é constituída pela porção de bens que deverá ser reservada para os herdeiros necessários. A disponível é a metade do patrimônio sujeita a testamento de acordo com a vontade do testador. A quota disponível é calculada, nos termos do art. 1.847, como a metade dos bens do testador, quando ele falecer, subtraindo-se porém as dívidas e as despesas do funeral. Antes pois que se apure a quota legítima e a disponível, devem ser satisfeitos os credores do "de cujus", vale dizer, depurada a herança das dívidas, para que seja atribuída ao herdeiro: "venisse ad heredem hihil intelligitur nisi deductio aere alieno" = nada advém ao herdeiro, enquanto não deduzidas as dívidas.

Se assim não fosse, a herança seria fictícia ou ensejaria fraudes. Se o testador deixa uma vultosa herança, mas com dívidas que atinjam a quase todo seu ativo, essa herança seria um cavalo de Tróia. Poderia o testador deixar um legado a um terceiro, e aí a herança consistiria mais de passivo do que de ativo, o que seria manifesta fraude.

16.3. Proteção dos interesses hereditários

Procura a lei, ao mesmo tempo que tutela o interesse dos herdeiros necessários, tutelar também a prudência do testador. A garantia dada ao parentesco em linha reta sofre então algumas restrições, previstas em lei, e em casos legalmente justificáveis. Assim, poderá o testador valer-se da exclusão por indignidade ou da deserdação, para marginalizar um herdeiro que demonstre não merecer a herança.

Todas as medidas indicadas pelo art. 1.848 revelam o desejo do testador pela segurança de sua prole, razão da licitude delas. O direito brasileiro, aparentemente liberal para com os herdeiros necessários, afastando-se da tradição romana, que dava amplo arbítrio ao testador, não é, na verdade, tão liberal assim. Ao mesmo tempo que dá ao testador a liberdade de dispor da metade de seu patrimônio, concede-lhe mecanismo de proteção às disposições testamentárias.

Os méritos de um herdeiro necessário podem ser reconhecidos pelo testador, sendo o primeiro beneficiado, rompendo-se a igualdade entre os herdeiros, no tocante á sucessão legítima. O herdeiro necessário a quem o testador deixar a sua metade disponível, ou algum legado, não perderá o direito à legítima (art. 1.849). Examinaremos este exemplo: Triboniano deixa herança legítima a seus dois filhos: Teófilo e Crátino; os dois recebem 50% da legítima, ficando cada um com 25%. Todavia, a parte disponível, ou seja, 50% do patrimônio de Triboniano é deixada em testamento para Teófilo; este herdará 75% do total da herança, enquanto Crátino ficará só com 25%. Há uma séria ruptura da igualdade de direitos entre os herdeiros. Vê-se então como o Direito das Sucessões brasileiro procura ser eqüitativo: dá muita liberdade ao testador, mas dá também algumas garantias aos herdeiros e zela pela preservação do patrimônio do finado, no âmbito familiar.

16.4. Exclusão dos colaterais

Quando não se trata de parentes em linha reta, mas transversal, não há legítima. Para excluir da sucessão o cônjuge ou os parentes colaterais, basta que o testador disponha de seu patrimônio, sem os contemplar (art. 1.850). Poderão os parentes transversais, uma vez que não haja legítima, ficar fora da sucessão. Em casos desse tipo, o testador falece sem deixar herdeiros necessários; vale dizer, nem filhos nem pais. Poderá ele então testar a totalidade de seu patrimônio a um terceiro, como por exemplo, a uma pessoa jurídica. Recorde-se que uma pessoa jurídica tem capacidade testamentária passiva, podendo assim receber por testamento: é o caso da fundação. Não tem contudo capacidade testamentária ativa: não pode uma pessoa jurídica testar.

Conforme vimos na ordem de vocação hereditária, são chamados à sucessão em primeiro lugar os filhos e, na falta destes, os pais; são os parentes em linha reta. Não havendo parentes em linha reta, a herança fica para o cônjuge sobrevivente, que é o terceiro da ordem. Não havendo também cônjuge supérstite, vai para os irmãos. Entretanto, se não houver parentes em linha reta, o testador poderá dispor, em testamento, da totalidade da herança a outra pessoa. Se assim for, nada receberão os demais parentes colaterais.

17. DA REDUÇÃO DAS DISPOSIÇÕES TESTAMENTÁRIAS

17.1. Conceito
17.2. Redução do excesso da porção disponível
17.3. Redução em prédio (imóvel)

17.1. Conceito

Quando o testador só em parte dispuser da sua metade disponível, entender-se-á que instituiu os herdeiros legítimos no remanescente (art. 1.966). Dissemos que, havendo herdeiros necessários, o testador só poderá dispor, em testamento, de 50% de seu patrimônio total. Poderá todavia dispondo menos da metade, como 40%, 30% ou menos, enfim poderá dispor de quanto quiser, desde que não ultrapasse a 50% de seu patrimônio total.

Quando assim acontecer, o que sobrar da porção disponível integra-se na legítima, em benefício dos herdeiros legítimos. Tomemos os exemplos abaixo: Triboniano deixa sua herança legítima a seu filho Crátino. Entretanto, deixa em testamento, 50% de seus bens a um estranho, Isidoro. Nessas condições, o patrimônio de Triboniano ficou dividido: a metade para o herdeiro legitimário, Crátino, e a outra metade para o herdeiro testamentário, Isidoro. Digamos entretanto que Triboniano tenha destinado a Isidoro apenas 20% de sua herança e não o limite de 50%. Nesse caso, os 30% restantes permanecem na legítima, sendo atribuídos ao herdeiro legítimo, Crátino. Este último receberá então 80% da herança, ficando Isidoro com os 20% que lhe foram destinados pelo testador.

Esse critério procura proteger e valorizar a sucessão legítima, interpretando a vontade do testador como respeito a seus herdeiros legítimos, por abrir mão de seu direito de dispor, parcialmente.

17.2. Redução do excesso da porção disponível

É possível que o testador, erroneamente, ultrapasse o limite de 50%, doando em testamento, por exemplo, 60%. Esse erro não é difícil de ser praticado, porquanto a avaliação do patrimônio não é feita, normalmente, de forma rigorosa. Além disso, pode haver uma avaliação do patrimônio por ocasião do testamento, e os bens podem ter seu valor modificado por ocasião da morte do testador ou da partilha. Pode ocorrer ainda que o testamento seja feito numa ocasião e o testador venha a falecer muitos anos depois. Ao ser feita a partilha, pode ser constatado que houve um excesso na porção disponível, o que vem contrariar a lei. É possível ainda que, nesse interregno, o testador contraia dívidas que provoquem sensível desgaste no patrimônio reservado à porção reservada, desequilibrando-a com a porção disponível.

Verificado o excesso, não fica anulado o testamento; permanece ele válido. Necessário se torna, entretanto, que o testamento seja ajustado, para amoldar-se à lei. Esse ajuste é chamado de redução das disposições testamentárias. De forma mais precisa, é a operação pela qual a disposição testamentária, que exceder ao limite da porção disponível, ficará reduzida, até equilibrar-se com a porção reservada. O "modus operandi" da redução das disposições testamentárias, para ajustar-se às normas legais, está descrito no art. 1.967.

"As disposições, que excederem a metade disponível, reduzir-se-ão aos limites dela, em conformidade com os parágrafos seguintes:

§ 1.º – Em se verificando excederem as disposições testamentárias porção disponível, serão proporcionalmente reduzidas as quotas do herdeiro ou herdeiros instituídos, até onde baste, e, não bastando, também os legados, na proporção de seu valor.

§ 2.º – Se o testador, prevenindo o caso, dispuser que se inteirem, de preferência, certos herdeiros e legatários, a redução far-se-á nos outros quinhões ou legados, observando-se, a seu respeito, a ordem estabelecida no parágrafo anterior".

Vamos explicar melhor essa situação, embora ela se mostre suficientemente clara. Verificado o desequilíbrio, as quotas dos herdeiros instituídos vão sendo reduzidas até ficarem igualadas à legítima. Essa redução é feita "pro rata" entre os herdeiros, isto é, com a redução proporcional de suas quotas. Será melhor, desde já, estabelecer distinção entre herdeiro instituído e legatário. O herdeiro instituído é o herdeiro escolhido em testamento, ou seja, um herdeiro testamentário; contrapõe-se ao herdeiro legitimário (ou necessário). Recebe a título universal e não um bem determinado. O legatário recebe um bem individualizado, determinado, ou então, um valor determinado, como a importância exata de Cr$ 100.000,00, ou ainda uma parcela determinada, como por exemplo, 10% da herança.

Todavia, pode acontecer que mesmo reduzindo as quotas dos herdeiros instituídos, não chegue a igualar a metade legitimária. Se assim acontecer, deverá haver também uma redução dos legados. Por qual motivo deverão ser sacrificadas as quotas dos herdeiros instituídos e só depois, subsidiariamente, o que coube aos legatários? É que o legado é um bem fixo e determinado. É o exemplo de um automóvel: como se poderá reduzir um automóvel, ou o seu valor? Além do mais, o legado é uma liberalidade bem definida do testador; o legatário não deve receber nem mais nem menos do que lhe destinou o testador.

17.3. Redução em prédio (imóvel)

Uma situação especial e mais difícil acontece quando o legado a ser reduzido for um prédio. Forma-se nele uma comunhão e com diversas pessoas interessadas na mesma coisa, poderá haver muitas resistências. Quando consistir em prédio divisível o legado sujeito à redução, far-se-á esta, dividindo-o proporcionalmente. Se não for possível a divisão, e o excesso do legado montar a mais de um quarto do valor do prédio, o legatário deixará inteiro na herança o imóvel legado, ficando com o direito de pedir aos herdeiros o valor que couber na metade disponível. Se o excesso não for de mais de um quarto, aos herdeiros torna-la-á em dinheiro o legatário, que ficará com o prédio. Se o legatário for ao mesmo tempo herdeiro necessário, poderá inteirar sua legítima no mesmo imóvel, de preferência aos outros, sempre que ela e a parte subsistente do legado lhe absorverem o valor (art. 1.968).

Apresentam-se nessa norma quatro hipóteses que só serão entendidas se interpretadas cuidadosamente e exemplificadas.

Vejamos uma a uma:

a – O prédio é indivisível – então não haverá problema. Na linguagem do código significa imóvel. Para se fazer a redução de um terreno em 20%, basta separar dele uma parte que corresponde a 20% de sua metragem.

b – O imóvel é indivisível – neste caso surgirão várias dúvidas e várias hipóteses:

b-1 – Triboniano deixa uma herança constituída de um imóvel de 240 m^2 ao herdeiro necessário Teófilo. Deixa ainda de legado a Doroteu um imóvel de 200 m^2.

– A parte disponível de Triboniano é de apenas 120 m^2, ou seja, a metade da herança.

– O legado apresenta pois o excesso de 80 m^2, que é superior a 1/4 do imóvel (200 m^2 divididos por 4 = 50 m^2).

– É preciso haver redução do legado em 80 m^2, devendo cair para 120 m^2.

– Neste caso, o imóvel irá para a herança de Teófilo, que receberá então a sua legítima (120 m²) e mais o imóvel (200 m²) formando sua herança 320 m².

– Doroteu ficará então com o direito de pedir a Teófilo o valor que lhe couber na metade disponível, ou seja, 120 m².

b-2 – Triboniano deixa herança de 240 m² ao herdeiro necessário, Teófilo. Deixa ainda de legado a Doroteu um imóvel de 130 m².

– A parte disponível de Triboniano é de apenas 120 m², ou seja, a metade da herança.

– O legado apresenta pois o excesso de 10 m², que é inferior a 1/4 do imóvel (130 m² divididos por 4 = 32,50 m²).

– É preciso haver redução do legado em 10 m², devendo cair para 120 m².

– Neste caso, o imóvel ficará para Doroteu.

– Entretanto, Doroteu deverá dar a Teófilo, para completar a parte legítima deste último.

b-3 – Triboniano deixa herança de 240 m² para seus herdeiros necessários, Teófilo e Doroteu.

– Deixa de legado a Teófilo um imóvel de 200 m².

– A parte disponível de Triboniano era só de 120 m².

– Há pois um excesso no legado, de 80 m², que precisa ser reduzido.

– Nesse caso, Teófilo ficará com todo o prédio, somando a ele (200) o valor de sua legítima (120), totalizando 320 m².

– Terá entretanto que dar a Doroteu, de herança, a sua legítima (120) e o excesso (40).

18. DAS SUBSTITUIÇÕES

18.1. No que consiste
18.2. Substituição coletiva e recíproca
18.3. O fideicomisso

18.1. No que consiste

O testador pode substituir outra pessoa ao herdeiro, ou legatário, nomeado para o caso de um ou outro não querer ou não poder aceitar a herança, ou o legado. Presume-se que a substituição foi determinada para as duas alternativas, ainda que o testador só "a uma se refira (art. 1.947). A vontade do testador, nunca será repetir, é o fundamento do Direito das Sucessões, pelo menos no que toca à sucessão testamentária; o testamento é uma liberalidade concedida a ele. Pode ele prever alguns problemas que venham, no futuro, perturbar a concretização de sua vontade. Entre esses problemas, poderá ser, por exemplo, uma eventual recusa do herdeiro ou legatário ao benefício testamentário. Ou então, poderá ele ter algum impedimento para assumir a posição de herdeiro ou legatário.

A substituição consiste em indicar alguém para receber a herança, caso o herdeiro instituído, ou o legatário, encontrarem obstáculos em desfrutar a herança. A substituição é ato jurídico do testador; é a manifestação de sua vontade. Também lhe é lícito substituir muitas pessoas a uma só, ou vice-versa, e ainda substituir com reciprocidade ou sem ela (art. 1.948). A substituição opera-se assim de várias maneiras. Pode ser simples ou individual; um pelo outro: o substituído pelo substituto. O substituto poderá ser outro herdeiro, mas sem prejuízo da sua legítima.

Se o testador nomeia uma pluralidade de herdeiros, ou de legatários, poderá dispor que eles substituam reciprocamente. Um poderá ocupar a posição do outro, vale dizer, um legatário poderá substituir um herdeiro e vice-versa. É a denominada substituição recíproca. Por outro lado, pela substituição coletiva, um só herdeiro poderá ter diversos substitutos designados pelo testador.

Todavia, os substitutos deverão ser chamados simultaneamente e imediatamente, por não haver substituto do substituto. Por exemplo: Triboniano nomeia Teófilo como seu herdeiro ou legatário; nomeia ainda Crátino, Doroteu e Isidoro como substitutos de Teófilo. Não assumindo Teófilo, então Crátino, Doroteu e Isidoro assumirão imediata e simultaneamente como substitutos. Não se pode interpretar essa forma de substituição coletiva da seguinte maneira: se Teófilo não puder, assume Crátino; se Crátino não puder, assume Doroteu; se Doroteu não puder, assume Isidoro. Seriam então substituto do substituto, o que não é previsto na lei.

O substituto fica sujeito ao encargo ou condição impostos ao substituído, quando não for diversa a intenção manifestada pelo testador, ou não resultar outra coisa da natureza da condição, ou do encargo (art. 1.949). O substituto é um sucessor do testador e não do substituído; recebe ele a herança tal qual é deixada pelo testador, com bens, direitos e obrigações. Se um dos imóveis deixados estava gravado com hipoteca, essa hipoteca transmite-se ao substituto, como teria sido transmitida ao substituído. Enfim, se a herança estava gravada com encargos ou condições, esses gravames permanecem. O próprio código, entretanto, prevê duas exceções:

1 – se o testador dispuser que esses ônus não se estendam ao substituto, respeita-se assim a vontade do testador;

2 – se o ônus não resulta da natureza da condição ou do encargo, mas for pessoal ao substituído. Por exemplo: se a condição para o substituto assumir é a de não se casar. Entretanto, ele já era casado quando recebeu a incumbência. Outro exemplo: se o testador impunha ao herdeiro que ele dedicasse um dia por mês a serviços médicos gratuitos na Santa Casa; entretanto o substituto não é médico e portanto não poderá herdar esse encargo.

18.2. Substituição coletiva e recíproca

Se, entre muitos co-herdeiros ou legatários de partes desiguais, for estabelecida substituição recíproca, a proporção dos quinhões, fixada na primeira disposição, entender-se-á mantida na segunda. Se, porém, com as outras anteriormente nomeadas, for incluída mais alguma pessoa na substituição, o quinhão pertencerá em partes iguais aos substitutos (art. 1.950). O testador pode instituir, tanto legatário, como herdeiros, em partes iguais ou desiguais. Estamos agora examinando algumas hipóteses de substituição recíproca, vale dizer, o tipo de substituição em que o disponente designa uma pluralidade de herdeiros e legatários, estabelecendo que substituam os outros, reciprocamente.

Para melhor clareza dessas hipóteses, que exigem cuidadosa meditação, procuraremos compará-las às semelhantes, previstas no art. 689 do Código italiano:

Sostituzione plurima. Sostituzione reciproca. Possono sostituirsi più persone a una sola e una sola a più. La sostituzione può anche essere reciproca ira i coeredi instituiti. Se essi sono stati instituiti in parte disuguali, la proporzione fra le quote fissate nella prima instituizione si presume ripctuta anche nella sostituzione. Se nella sostituzione insieme con gli instituiti è chiamata un latra persona, al quota vacante viene divisa in parti uguali tra tutti i sostituiti.	Substituição coletiva. Substituição recíproca. Podem substituir-se mais pessoas a uma só e uma só a mais. A substituição pode também ser recíproca entre os co-herdeiros instituídos. Se estes forem instituídos em partes desiguais, a proporção entre as quotas fixadas na primeira instituição presumem-se repetidas também na substituição. Se na substituição junto com os instituídos é chamada outra pessoa, a quota vacante será dividida em partes iguais entre todos os substituídos.

Ao teor do art. 1.950 de nosso código e do art. 689 do Código Civil italiano, vamos interpretar três hipóteses de possibilidade, nessa difícil disposição, mas que ficará melhor esclarecida:

1.ª

a – Triboniano institui como herdeiros recíprocos, *em partes iguais,* Teófilo, Crátino, Doroteu e Isidoro.

b – A herança é dividida em partes *iguais:* 25% para cada um dos quatro herdeiros instituídos.

c – Isidoro, porém, não assume a herança,

Solução: o quinhão vago (quota vacante) de Isidoro é repartido em partes iguais entre os três restantes, que são os substitutos.

2.ª

a – Triboniano institui como herdeiros recíprocos, dividindo sua herança em partes *desiguais:* 10% para Teófilo, 30% para Crátino, e 60% para Doroteu.

b – Doroteu não assume a herança, deixando vago seu quinhão de 60%.

Solução: a parte vacante de Doroteu é dividida na proporção dos quinhões da sucessão direta, isto é, 15% para Teófilo e 45% para Crátino.

3.ª

a – Triboniano divide a herança entre três herdeiros, Teófilo, Crátino e Doroteu, em partes *desiguais,* 10% para Teófilo, 30% para Crátino e 60% para Doroteu.

b – No caso de um dos três não assumir, Triboniano deixa Isidoro como substituto comum aos três.

c – Doroteu não assume, deixando vago seu quinhão de 60%.

Solução: o quinhão de Doroteu é dividido em partes iguais entre os três, a saber: 20% para Teófilo, 20% para Crátino e 20% para Isidoro.

18.3. O fideicomisso

Pode também o testador instituir herdeiro ou legatários por meio de fideicomisso, impondo a eles, o gravado ou fiduciário, a obrigação de, por sua morte, a certo tempo, ou certa condição, transmitir ao outro, que se qualifica de fideicomissário, a herança, ou o legado. O nome desse instituto deriva-se etimologicamente de "fideicommissum", vindo, por sua vez, de "fideicommitere" (confiar a alguém). É uma estipulação testamentária, pela qual o testador institui uma pessoa como herdeira ou legatária, mas, após, essa pessoa deverá transmitir a herança a outra pessoa indicada pelo disponente. Quem recebe diretamente a herança tem o nome de fiduciário e quem recebe, em segunda mão, fideicomissário. O testador que institui o fideicomisso chama-se fideicomitente.

O fiduciário tem a propriedade da herança ou legado, mas restrita e resolúvel. É obrigado, porém, a proceder ao inventário dos bens gravados, e se lhe exigir o fideicomissário, a prestar caução de restituí-los (art. 1.953). O termo "fiduciário" origina-se de "fidúcia" (confiança) e "fidere" (confiar). É assim a pessoa da confiança do testador (ou fideicomitente), que a ele confia o encargo de receber a herança e depois transmiti-la de acordo com o fideicomisso, ou seja, ao fideicomissário designado pelo testador, como e quando ele também estipular. O fiduciário será o titular dos direitos reais sobre os bens da herança ou do legado, não obstante seja uma propriedade resolúvel. Os direitos são amplos: "jus utendi, fruendi et abutendi". Entretanto, o "jus abutendi" não será amplo; poderá transferir os bens, mas estes continuam gravados com o fideicomisso. Por exemplo: o testador deixa um imóvel como legado ao fideicomissário, com a condição de que até um certo prazo ou na morte deste último, o imóvel passe para uma terceira pessoa. Se alguém adquirir esse imóvel do fideicomissário, no momento em que falecer, não poderá deixar de herança para seus sucessores, uma vez que está esse imóvel destinado ao fideicomissário.

O fideicomissário pode renunciar à herança, ou legado, e, neste caso, o fideicomisso caduca, ficando os bens como propriedade pura do fiduciário, se não houver disposição contrária do testador (art. 1.955). Caduca o fideicomisso, se o fideicomissário morrer antes do fiduciário, ou antes de realizar-se a condição resolutória do direito deste último. Neste caso, a propriedade consolida-se no fiduciário, nos termos do art. 1.955 (art. 1.958). Prevê a lei três casos de caducidade do fideicomisso. O substituto morre antes do substituído: como não existe substituto do substituto, termina o ciclo no fiduciário. Por exemplo: Ulpiano deixa sua herança, por ato de última vontade, para Modestino, mas designa Papiniano como substituto deste último. Todavia, Papiniano falece antes de Modestino. Nesse caso, a herança entra definitivamente para o patrimônio de Modestino.

Outra alternativa de caducidade acontece quando a herança ou legado sejam gravados de condição resolutória, e o substituto falece antes do implemento da condição. Por exemplo: Pompônio deixa um imóvel de legado para Paulo, com uma condição: que Paulo mantenha uma escola nesse imóvel. Paulo porém não conseguiu montar essa escola, não adquirindo assim direito ao legado. Pompônio deixara Labeo como substituto de Paulo. Contudo, Labeu faleceu antes que Paulo implementasse a condição. Nesse caso, caducou o fideicomisso, porquanto Paulo ainda não é legatário e por isso não poderia ser substituído.

A terceira hipótese de caducidade do fideicomisso observa-se quando o fideicomissário não assumir essa posição, renunciando a ela. Se assim ocorrer, o fiduciário ficará definitivamente com a herança ou legado, a menos que o fideicomitente (testador) haja disposto de forma diferente, visto que no testamento é preponderante a vontade do testador.

Se o fideicomissário aceitar a herança ou legado, terá direito à parte que, ao fiduciário, em qualquer tempo acrescer (art. 1.956). O fideicomissário responde pelos encargos da herança que ainda restarem (art. 1.957). Se, entretanto, o fideicomissário aceitar a posição e não houver impedimentos legais para assumir a posição, irá ele receber a herança ou o legado definitivamente. Se a herança aumentar de valor, se estiver acrescida com os frutos ou rendimentos, receberá a herança com os acréscimos. Por outro lado, se a herança estiver gravada com encargos, será ela transmitida com esses encargos ao fideicomissário. Os ônus podem ser de diversos tipos: impostos, taxas, penhor, hipoteca, anticrese, penhora, arresto ou qualquer outro.

O fideicomisso é disposição de última vontade, estabelecida em testamento, que é um ato jurídico extremamente formal. Um fideicomisso estabelecido em desacordo com a lei poderá ser fulminado com a nulidade. São nulos os fideicomissos além do segundo grau (art. 1.959). Já foi dito diversas vezes que não há substituto do substituto, ou seja, há o herdeiro ou legatário de primeiro e segundo graus, mas não de terceiro. Por exemplo: Ulpiano deixa sua herança para Modestino, nomeando Pompônio como substituto de Modestino. Não poderá porém nomear Papiniano como substituto de Modestino.

A nulidade da substituição ilegal não prejudica a instituição, que valerá sem o encargo resolutório (art. 1.960). Assim, no exemplo referido, se Ulpiano designar Papiniano como substituto de Modestino, essa disposição será nula. Essa nulidade, contudo, não implica na anulação do fideicomisso; Pompônio está confirmado como substituto de Modestino.

19. DA DESERDAÇÃO

19.1. Conceito
19.2. Pressupostos da deserdação
19.3. Causas da deserdação

19.1. Conceito

A deserdação é a perda do direito sucessório, por disposição de última vontade do testador, por causas justificadas. Os herdeiros necessários podem ser privados de sua legítima, ou deserdados, em todos os casos em que podem ser excluídos da sucessão (art. 1.961). A deserdação é assim a disposição testamentária pela qual o autor da herança priva o herdeiro da sucessão. Produz os mesmos efeitos que a exclusão por indignidade, que já foi estudada neste compêndio, mas é bem diferente um instituto de outro. A indignidade é instituto próprio da sucessão legítima, a deserdação da hereditária.

A deserdação atinge o herdeiro necessário, isto é, aquele que tem o seu quinhão garantido por lei. São os descendentes e, na falta destes, os ascendentes. Seria inócua a deserdação para os herdeiros não necessários, ou seja, os legítimos; bastaria ao testador não contemplá-los no testamento. A deserdação só pode ser ordenada em testamento, com expressa declaração da causa (art. 1.964). Ao herdeiro instituído, ou aquele a quem aproveite a deserdação, incumbe provar a veracidade da causa alegada pelo testador (art. 1.965). A deserdação submete-se pois a três pressupostos essenciais, apontados pela lei.

19.2. Pressupostos da deserdação

O primeiro deles é que seja estabelecida em testamento, por ser típica disposição de última vontade. Só pode ser promovida pelo testador, causada por fatos anteriores à morte dele (a indignidade pode ser causada por fatos posteriores). O segundo é que seja motivada, vale dizer, estabelecida por causas previstas em lei, contra a qual caberá oposição do deserdado ou de outros interessados. As causas da deserdação constam dos arts. 1.962 e 1.963; e serão adiante comentadas. O terceiro pressuposto é a atribuição à justiça, para confirmar a deserdação, cabendo ao herdeiro instituído, ou a quem aproveite a deserdação, defendê-la contra a oposição do deserdado. O ônus da prova é incumbido ao autor da ação, que é o beneficiário da deserdação. O art. 178, § 9.º, IV, que estabelece prazos para a prescrição, prevê o prazo de quatro anos para a ação do interessado em pleitear a exclusão do herdeiro, ou provar a causa da sua deserdação, e bem assim a ação do deserdado para impugná-la; contado o prazo da abertura da sucessão, Nos termos desse artigo, entendemos que deverá caber primeiro ao interessado na deserdação empreender a ação, reservando-se ao deserdado o direito de impugná-la. E se o interessado permanecer inerte, deixando passar "in albis" o prazo prescricional de quatro anos, caducará o direito? Em nosso parecer, a deserdação permanece, por ser a vontade do testador. Para que seja anulada, necessário se torna que o interessado empreenda a ação anulatória, também nesse prazo de quatro anos. Se o deserdado não a empreender, prevalece a deserdação. O prazo começa a ser contado a partir da morte do testador, vale dizer, da abertura da sucessão. Não se provando a causa invocada para a deserdação, é nula a instituição e nulas as disposições que prejudiquem a legítima do deserdado. A deserdação é portanto um caso excepcional, senão a liberdade de testar não teria limites e nem adiantaria haver herdeiros necessários.

19.3. Causas da deserdação

Segundo diz o art. 1.961, os herdeiros necessários podem ser privados de sua legítima, ou deserdados, em todos os casos em que podem ser excluídos da sucessão. Por conseguinte, quanto às causas, a deserdação equipara-se à incapacidade para suceder, recebendo também o nome de indignidade. Vamos então repetir os três casos previstos em lei, para os casos de indignidade, sendo excluídos da sucessão os herdeiros e legatários:

I – que houverem sido autores ou cúmplices em crime de homicídio voluntário, ou tentativa deste, contra a pessoa de cuja sucessão se tratar;

II – que a acusaram caluniosamente em juízo, ou incorreram em crime contra a sua honra;

III – que, por violência ou fraude, a inibiram de livremente dispor de seus bens em testamento ou codicilo, ou lhe obstaram a execução dos atos de última vontade.

A gama de causas para a deserdação é porém mais ampla, adotando critérios diferentes, quando o ascendente deserda o descendente ou este deserda aquele. Segundo o art. 1.962, autorizam a deserdação dos descendentes por seus ascendentes:

I – ofensas físicas;

II – injúria grave;

III – relações ilícitas com a madrasta ou padrasto;

IV – desamparo do filho ou neto em alienação mental ou grave enfermidade.

Não estabelece a lei os parâmetros adotados para ofensas físicas e injúria grave. É questão pessoal do testador avaliar até onde se sente ele ofendido e injuriado, não havendo necessidade de vincular sua opinião a um possível processo criminal. A desonestidade da filha que vive na casa paterna tinha um sentido na época do código, mas hoje será preciso discutir no processo o grau de "desonestidade". As relações ilícitas de um descendente com a madrasta ou padrasto têm sentido. Recentemente foi exibido na TV um filme com esse argumento: um pai viúvo casou-se novamente e sua jovem esposa envolveu-se em romance com seu enteado. Trata-se de um ato de traição e deslealdade, justificando a deserdação, uma vez que esta tem a natureza de sanção, de castigo. A última causa baseia-se na ingratidão; por exemplo, um pai velho e alquebrado deserda seu filho, em vista de este havê-lo abandonado na adversidade.

Pelo art. 1.963, semelhantemente, autorizam a deserdação dos ascendentes pelos descendentes:

I – ofensas físicas;

II – injúria grave;

III – relações ilícitas com a mulher ou companheira do filho ou neto, ou com o marido da filha ou neta;

IV – desamparo do filho ou neto em alienação mental ou grave enfermidade.

É conveniente citar que essas causas provocam a nulidade da deserdação e não do testamento; se houver outras disposições, essas prevalecem. Uma decisão jurisprudencial concluiu que essas devem ser apreciadas com rigor e precisam resultar seguramente demonstradas.

20. DA REVOGAÇÃO DOS TESTAMENTOS

20.1. A faculdade da revogação
20.2. Os modos de revogação
20.3. O rompimento do testamento

20.1. A faculdade da revogação

O testamento é um ato revogável, não só por motivos doutrinários, mas a revogabilidade é amparada pela lei e consta do próprio conceito legal.

"Considera-se testamento o ato revogável pelo qual, de conformidade com a lei, dispõe, no todo ou em partes, do seu patrimônio, para depois da sua morte".

A revogabilidade é característica prevista ainda no código de vários países, como da França e da Itália. Podemos renovar essa previsão do art. 587 do Código Civil italiano:

Testamento	Testamento
Il testamento è un atto revocabile con il quale taluno dispone, per il tempo in cui avrà cessato di vivere, di tutte le proprie sostanze o di parte di esse.	O testamento é um ato revogável com o qual alguém dispõe, para o momento em que tiver cessado de viver, de todos os seus bens ou parte deles.

Radicalizando ainda mais a insistência da lei na revogabilidade do testamento, o Código Civil italiano procura garanti-la, para evitar qualquer tentativa de burla da lei; no art. 679:

Revocabilità del testamento	Revogabilidade do testamento
Non si può in alcun modo rinunciare alla facoltà di revocare o mutare le disposizione testamentarie; ogni clausola o condizione contraria non ha effetto.	Não se pode, de modo algum, renunciar à faculdade de revogar ou mudar as disposições testamentárias, toda cláusula ou condição em contrário não terá efeito.

O testador, se tem liberdade para fazer o testamento, deve ter para desfazê-lo. Poderá ainda revogar a revogação, vale dizer, o testador pode restaurar o testamento que fizera e desfizera. O testamento não produz efeito a não ser após a morte do testador; não cria direitos nem obrigações e, portanto, a revogação a ninguém prejudica; ninguém poderá reclamar perdas e danos.

20.2. Os modos de revogação

O testamento pode ser revogado pelo mesmo modo e forma por que pode ser feito (art. 1.969). A revogação pode se dar de vários modos. Contudo, o testamento só pode ser revogado pelo modo como foi feito, isto é, por outro testamento. Não se torna obrigatório que o testamento revogatório seja do mesmo tipo do revogado. Um testamento particular pode ser revogado. O importante é que a manifestação da vontade do testador seja feita de forma segura, clara e lícita.

A revogação do testamento pode ser total ou parcial. Se a revogação for parcial, ou se o testamento posterior não contiver cláusula revogatória expressa, o anterior subsiste em tudo que não for contrário ao posterior (art. 1.970). A revogação total corresponde a uma ab-rogação, a uma anulação; perde ele toda eficácia. A revogação parcial corresponde a uma derrogação. O testamento é mantido, mas algumas cláusulas são atingidas pela revogação. Na revogação total a sucessão deixa de ser testamentária, ficando totalmente legítima. Se houver porém um novo testamento, a sucessão permanece testamentária.

Quanto à maneira de proceder, a revogação pode ser expressa, tácita ou presumida. Será expressa quando o testador manifestar de forma explícita sua vontade, declarando que o testamento anterior não mais produz efeitos. Caso se trate de revogação da revogação, vale dizer, o testador faz um terceiro testamento, declarando que revoga o segundo, que é o revogatório do primeiro; deve declarar que a revogação do revogatório restaura a eficácia do primeiro.

A revogação produzirá seus efeitos, ainda quando o testamento, que a encerra, caduque por exclusão, incapacidade ou renúncia do herdeiro, nele nomeado; mas não valerá, se o testamento revogatório foi anulado por omissão ou infração de solenidades essenciais, ou por vícios intrínsecos (art. 1.971). O testamento revogatório poderá ser anulado por trazer em si vícios que o inquinem de nulidade. Em casos assim, ele não produzirá efeitos e não fará com que deixe de vigorar o primeiro testamento; este não chegou a ser revogado e portanto permanece em vigor. Todavia, subsistirá a revogação, se o testamento caducar em vista de fatores extrínsecos, que não correspondiam à vontade do testador, como por exemplo, se o herdeiro testamentário for renunciar à herança.

A revogação tácita pode ocorrer de várias maneiras. A principal delas é quando for feito um testamento posterior, com cláusulas incompatíveis com as anteriores. Estabelecendo cláusulas contrárias àquelas que antes estipulara, o testador dá mostras de mudanças na sua orientação, e as novas decisões devem prevalecer sobre as antigas. Não seria possível executar concomitantemente decisões conflitantes. Mas, disposições não contraditórias fazem permanecer as antigas.

Outra possibilidade de revogação tácita é a que ocorre com o testamento cerrado. O testamento cerrado que o testador abrir ou dilacerar, ou se for aberto ou dilacerado com seu consentimento, haver-se-á como revogado (art. 1.972). O testamento cerrado, já estudado, deve ser mantido fechado para guardar o segredo, por decisão do próprio testamenteiro; se este decide abri-lo ou rasgá-lo, revela mudança de decisão. Desvendou-se o segredo, característica essencial do testamento cerrado, pelo que deve ele perder o valor. A lei deixa claro porém que a violação do segredo deve ser da iniciativa ou do consentimento do testador. Não será revogação se, por exemplo, for desvendado acidentalmente ou à revelia do testador. Se o testamento cerrado, ao ser entregue ao juiz, revelar ter sido aberto, poderá ser anulado. Essa anulação é porém por vício externo do documento, mas não por revogação, visto que não houve participação do testador.

Uma terceira hipótese de revogação tácita é a ocorrida com a alienação da coisa deixada em testamento ou legado. Por exemplo: o testador deixa uma casa em testamento, mas depois a vende; desapareceu então o objeto do legado. Poderia ele testar toda sua herança, mas aliena todos os bens dessa herança, de tal forma que não mais existe quando o testador morrer. É também uma revogação presumida, uma vez que se presume a intenção do testador em desfazer o testamento, fazendo desaparecer seu objeto.

20.3. O rompimento do testamento

Sobrevindo descendente sucessível ao testador, que o não tinha, ou não o conhecia, quando testou, rompe-se o testamento em todas as suas disposições, se esse descendente sobreviver ao testador (art. 1.973). Rompe-se também o testamento feito na ignorância de existirem outros herdeiros necessários (art. 1.974). Em princípio, testamento nessas condições é considerado nulo por ter sido elaborado em desacordo com a lei; não foi reservada a quota dos herdeiros necessários. Acontece porém que o testador desconhecia a existência de herdeiros necessários, tendo agido de boa-fé. Contudo, a boa-fé não é suficiente para garantir a validade de um testamento que foi posteriormente revelado como irregular.

Embora nosso código classifique este fato como revogador do testamento, na verdade é um caso de caducidade. Revogação de um ato é uma decisão de quem praticou esse ato. Para revogar um testamento, será necessário que o próprio testador elabore outro testamento, declarando revogado o anterior. Pelo visto, a lei considera uma revogação presumida: presume-se que o testador não teria feito o testamento, se soubesse que ele ainda tinha herdeiros sucessíveis, ou seja, descendentes ou ascendentes. Quando o testador tinha feito o testamento, ainda que houvesse o descendente sucessível, o testador desconhecia a existência dele. Vamos analisar um exemplo: Justiniano era casado com Teodora e o casal não tinha filhos. Justiniano testa a favor de Teófilo, deixando-lhe de herança toda a sua meação. Entretanto, sem que Justiniano soubesse, Teodora estava grávida e, após a morte de Justiniano, deu à luz um filho, que se chamou Doroteu. O testamento tornou-se caduco, pois Doroteu é o herdeiro necessário de Justiniano. A anulação do testamento é presumida, na consideração de que, se Justiniano soubesse da concepção de Doroteu, não iria desamparar o seu filho, excluindo-o da sucessão. Esse tipo de revogação é legalmente chamado de rompimento, pelo que consta dos arts. 1.973, 1.974, 1.975.

Não se rompe, porém, o testamento, em que o testador dispuser da sua metade, não contemplando os herdeiros necessários, de cuja existência saiba, ou deserdando-os, nessa parte, sem menção da causa legal (art. 1.975). Conforme foi dito diversas vezes, havendo herdeiros necessários, o testador só poderá dispor da metade da herança. Estamos agora nos referindo ao caso em que o testador não dispõe de toda sua herança, mas só da metade disponível. A metade reservada não entrou no testamento, garantindo a legítima dos herdeiros, ainda que haja dúvidas sobre o direito deles.

21. DO TESTAMENTEIRO

21.1. Da testamentaria
21.2. A nomeação do testamenteiro
21.3. Obrigações e direitos do testamenteiro
21.4. Remuneração do testamenteiro

21.1. Da testamentaria

Morto o testador, deverá ser requerida a abertura do inventário e a execução do testamento. Essa tarefa normalmente cabe aos herdeiros, principalmente o herdeiro mais chegado ao "de cujus", como é o caso do cônjuge, ou os filhos. Entretanto, é possível que o próprio testador designe alguém para a execução das disposições testamentárias, chamado de testamenteiro. O Código Civil francês chama-o de "executeur du testament", designação também apropriada, pois o testamenteiro é a pessoa a quem o testador comete a tarefa de executar o testamento. O testador pode nomear um ou mais testamenteiros conjuntos ou separados, para lhe darem cumprimento às disposições de última vontade (art. 1.976). O conjunto das atribuições que lhe são conferidas chama-se testamentaria.

O testamenteiro será forçosamente uma pessoa física e, como tal, deverá ser pessoa civilmente capaz. A nomeação deverá ser feita em testamento ou codicilo, não prevendo a lei outra forma. Sendo nomeados vários testamenteiros, poderão eles ser solidários, conjuntos ou sucessivos. Solidários se ambos puderem agir isoladamente, cada um com responsabilidade pelos seus atos; conjuntos se tiverem que agir apenas em conjunto, não podendo agir isoladamente; sucessivos se um assume e o outro substitui. A lei não faz restrições à nomeação do testamenteiro, uma vez que prevalece a vontade do testador. Se ele tem capacidade jurídica, é indiferente se não tiver capacidade técnico-administrativa.

21.2. A nomeação do testamenteiro

O testador pode também conceder ao testamenteiro a posse e administração da herança, ou de parte dela, não havendo cônjuge ou herdeiros necessários. Qualquer herdeiro pode, entretanto, requerer partilha imediata, ou devolução da herança, habilitando o testamenteiro com os meios necessários para o cumprimento dos legados, ou dando caução de prestá-los (art. 1.977). Tendo o testamenteiro a posse e a administração dos bens, incumbe-lhe requerer inventário e cumprir o testamento. Se não lhe competir a posse e administração, assistir-lhe-á direito a exigir dos herdeiros os meios de cumprir as disposições testamentárias; e, se os legatários o demandarem, poderá nomear à execução os bens da herança. Há dois tipos de testamenteiro: universal e particular; as atribuições, direitos e deveres de cada um diferem. O testamenteiro universal é o que recebeu a posse, a administração dos bens da herança e o testamenteiro particular é o que não recebeu a posse e a administração.

Presume-se que, antes de nomear, o testador já tenha se entendido com o testamenteiro. Se não tiver havido essa consulta, cabe ao testamenteiro aceitar ou não a testamentaria, visto que ela é um "munus privatum", não um "munus publicum". Apesar de ser um encargo remunerado, não se pode impor a uma pessoa a assunção de obrigação. Ainda que aceite, poderá depois renunciar. Segundo o art. 1.142 do Código de Processo Civil, o testamenteiro, que quiser demitir-se do encargo, poderá requerer ao juiz a escusa, alegando causa legítima. Ouvidos os interessados e o órgão do Ministério Público, o juiz decidirá.

Na falta de testamenteiro nomeado pelo testador, execução testamentária compete a um dos cônjuges e em falta deste, ao herdeiro nomeado pelo juiz (art. 1.984). Havendo testamento, tem de haver testamenteiro, uma pessoa que propugne pela validade do testamento e vele para que ele seja executado. Se não for indicada uma pessoa pelo testador, cabe ao juiz nomeá-la. A nomeação, quer pelo testador, quer pelo juiz, é "intuitu personae". O encargo da testamentaria não se transmite aos herdeiros do testamenteiro, nem é delegável. Mas o testamenteiro pode fazer-se representar em juízo e fora dele, mediante procurador com poderes especiais (art. 1.985).

21.3. Obrigações e direitos do testamenteiro

Existem obrigações comuns a qualquer tipo de testamenteiro, mas também algumas peculiares à testamentaria universal e à particular. O testamenteiro é obrigado a cumprir as disposições testamentárias, no prazo marcado pelo testador, e a dar contas do que recebeu e despendeu, subsistindo sua responsabilidade enquanto durar a execução do testamento (art. 1.980). Se for um testamenteiro universal, deverá assumir imediatamente a posse e administração da herança, requerendo o inventário, propugnando a validade do testamento, defendendo a posse dos bens da herança, inclusive propondo ações possessórias, se necessário, e cobrindo as dívidas para com o espólio.

Se for um testamenteiro particular, ele não assumirá posse e administração da herança, mas assiste-lhe o direito de exigir dos herdeiros que lhe proporcionem os meios necessários para a execução do testamento. Os herdeiros poderão requerer a abertura do inventário, mas o testamenteiro deverá atuar no processo, defendendo a validade do testamento e tomando as medidas necessárias para a execução do testamento.

Antes ou depois da abertura do inventário, cabe ao testamenteiro entrar na posse do testamento, para realizá-lo. O testamenteiro nomeado, ou qualquer parte, pode requerer, assim como o juiz pode ordenar, de ofício ao detentor do testamento que o leve a registro (art. 1.979). O testador poderá fixar um prazo para que o testamenteiro assuma o encargo e faça com que sejam executadas as disposições testamentárias. Não concedendo o testador prazo maior, cumprirá o testamenteiro as que lhe conferir o testador, nos limites da lei. Pode esse prazo prorrogar-se, porém, ocorrendo motivo cabal (art. 1.983).

Entre as várias obrigações e responsabilidades, está o testamenteiro obrigado a apresentar prestação de contas conferidas pelo testador. Apresentará demonstração das receitas e despesas feitas com o desempenho de seu cargo e a execução do testamento.

Tem ele assim o direito de ressarcir-se das despesas por ilegais ou por não conformes ao testamento; remover-se-á o testamento, perdendo o prêmio deixado pelo testador.

21.4. Remuneração do testamenteiro

Como a testamentaria é um "munus privatum" e não um "munus publicum" e são impostas várias obrigações ao testamenteiro, inclusive a de prestar contas de seus atos, será de inteira justiça que ele seja remunerado. Quando o testamenteiro não for herdeiro, nem legatário, terá direito a um prêmio, que, se o testador o não houver taxado, será de 1% (um por cento) a 5% (cinco por cento), arbitrado pelo juiz, sobre toda a herança líquida, conforme a importância dele, e a maior ou menor dificuldade na execução do testamento. Este prêmio deduzir-se-á somente da metade disponível, quando houver herdeiro necessário (art. 1.987). Essa remuneração do testamenteiro é chamado de prêmio ou vintena. Segundo o art. 1.133 do Código de Processo Civil, esse prêmio deverá ser fixado pelo testador, mas se este não o tiver fixado, o juiz arbitrará, levando em conta o valor da herança e o trabalho de execução do testamento.

Se o testamenteiro for herdeiro ou legatário, não deverá auferir o prêmio. Afinal, eles são os beneficiários da herança e seus principais interessados; promover o inventário e a execução do testamento é um dever para eles e uma forma de levá-los à posse e assimilação da herança. O testamenteiro que for legatário poderá preferir o prêmio ao legado (art. 1.988).

Todavia, o testamenteiro perderá direito ao prêmio, se tiver sido removido da testamentaria. A remoção justifica-se sob diversos aspectos. Sendo glosadas as despesas por ilegais ou por não conformes ao testamento, remover-se-á o testamenteiro, perdendo o prêmio deixado pelo testador (art. 1.989). Não é por glosa das despesas, mas poderá o testamenteiro perder o cargo se não cumprir as disposições testamentárias, ou por atos de desídia na execução do testamento. Em qualquer desses casos, sua remoção acarretar-lhe-á a perda do direito à vintena ou prêmio. Reverterá à herança o prêmio, que o testamenteiro perder, por ser removido, ou não ter cumprido o testamento (art. 1.989).

22. DO INVENTÁRIO E DA PARTILHA

22.1. Conceito de inventário
22.2. O inventariante
22.3. A abertura do inventário
22.4. O arrolamento

22.1. Conceito de inventário

O termo inventário deriva-se etimologicamente de "inventarium", por sua vez, do verbo "invenire" (providenciar, promover, diligenciar). É o conjunto de atos tendentes a diligenciar a situação patrimonial e pessoal do falecido, a fim de formar o acervo hereditário, para depois dividi-lo entre os herdeiros, de acordo com a lei e com o testamento. Não é apenas uma descrição e avaliação dos bens, como ainda das dívidas, um tipo de balanço. Envolve mais a ação dos herdeiros e da justiça para a satisfação da vontade do "de cujus", para a defesa e perpetuação do patrimônio deste, incluindo-se as medidas tendentes a se localizar os herdeiros, identificá-los e reconhecer seu direitos, a fim de dividir entre eles o patrimônio do "de cujus". Entra-se então no plano da partilha dos bens, corolário do inventário. É questão regulamentada nos últimos capítulos do Código Civil, do art. 1.991 ao 2.027 e no Código de Processo Civil, nos arts. 982 a 1.045.

Como se trata de um procedimento judicial, não admitindo a lei inventário privado, o processo de inventário encontra-se minuciosamente descrito pelo Código de Processo Civil, situado no título denominado "Dos Procedimentos Especiais de Jurisdição Contenciosa". Acreditamos que a colocação nesse título deva-se à consideração de haver vários herdeiros, com interesses conflitantes, bem como do Estado, potencial interessado, caso não se encontrem herdeiros e beneficiários dos impostos que se originarão.

Contudo, não tem o caráter de uma contenda, tanto que poderá haver um só herdeiro e, portanto, uma só parte. Mesmo havendo vários herdeiros, poderão eles requerer em conjunto a abertura do inventário, já com a partilha deliberada entre eles, submetendo-o à homologação judicial. Não há, nesse tipo de processo, autor e réu. Imprescindível se torna ele para a solução dos problemas patrimoniais criados pela morte do "de cujus". Proceder-se-á ao inventário e partilha judiciais na forma das leis em vigor no domicílio do falecido, começando-se, dentro de um mês, a contar da abertura da sucessão, e ultimando-se nos três meses subseqüentes, prazo este que o juiz poderá dilatar, a requerimento do inventariante, por motivo justo. Quando se exceder o último prazo, e por culpa do inventariante não se achar finda a partilha, poderá o juiz removê-lo, se algum herdeiro o requerer, e, se for testamenteiro, o privará do prêmio, a que tenha direito.

Quando fala em "leis em vigor", entenda-se que a questão está prevista em várias leis. As principais delas são o Código Civil (arts.

1.991 a 2.007) e o Código de Processo Civil (arts. 982 a 1.045), mas várias outras complementam a questão.

22.2. O inventariante

Sendo o inventário um conjunto de bens, haverá necessidade de uma pessoa que o administre: sendo ainda um processo judicial, é preciso que alguém o movimente. Essa pessoa é o inventariante, por ser ela quem promoverá o inventário. Nem sempre o inventariante é o administrador do acervo hereditário, apesar de que raramente ocorre essa divisão. Quem administra os bens é quem estiver na posse deles, geralmente o cabeça-de-casal. Normalmente, os próprios herdeiros pedem para que o juiz nomeie inventariante o cabeça-de-casal, comumente o cônjuge sobrevivente.

A nomeação do inventariante é feita pelo juiz, sendo usualmente seu nome proposto por quem requerer a abertura do inventário. Intimado da nomeação, o inventariante prestará, dentro de cinco dias, o compromisso de bem e fielmente desempenhar o cargo. Legalmente, o inventariante deve ser escolhido entre as pessoas mais chegadas ao "de cujus", seguindo a seguinte ordem:

I – o cônjuge sobrevivente casado sob o regime de comunhão de bens, desde que estivesse convivendo com o outro ao tempo da morte deste;

II – o herdeiro que se achar na posse e administração do espólio, se não houver cônjuge supérstite ou este não puder ser nomeado;

III – qualquer herdeiro, nenhum estando na posse e administração do espólio;

IV – o testamenteiro, se lhe foi confiada a administração do espólio ou toda a herança estiver distribuída em legados;

V – o inventariante judicial, se houver;

VI – pessoa estranha idônea, onde não houver inventariante judicial.

A expressão "espólio", várias vezes utilizada, designa o conjunto de bens deixados pelo falecido, chamado ainda de "massa hereditária", ou "acervo hereditário". Sua natureza jurídica é a de uma "universitas juris" (universalidade de direito), tendo em vista ser uma universalidade de bens, formada pela lei, tendo um determinado fim. Vê-se que nem sempre o testamenteiro é também o inventariante.

Até que o inventariante preste o compromisso, continuará o espólio na posse do administrador provisório (art. 985 do CPC). Dentro de vinte dias, contados da data em que prestar o compromisso, fará o inventariante as primeiras declarações, das quais se lavrará termo circunstanciado. No termo, assinado pelo juiz, escrivão e inventariante, serão exarados:

I – o nome, estado, idade e domicílio do autor da herança, dia e lugar em que faleceu e bem ainda se deixou testamento;

II – o nome, estado, idade e residência dos herdeiros e, havendo cônjuge supérstite, o regime de bens do casamento;

III – a qualidade dos herdeiros e o grau de seu parentesco com o inventariado.

No tocante aos bens que comporão o acervo hereditário, o inventariante deverá prestar informações pormenorizadas sobre eles, embora tais informações devam constar de petição inicial, com que os herdeiros requereram a abertura do inventário. Desde que a petição inicial traga as informações, claras, precisas e pormenorizadas do patrimônio do "de cujus" e dos herdeiros, vários juízes têm permitido que as primeiras declarações do inventariante apenas confirmem as declarações já prestadas na petição inicial. Nessas declarações deverá constar a relação completa e individuada de todos os bens do espólio e dos alheios que nele forem encontrados, descrevendo-se os imóveis, com as suas especificações, nomeadamente local em que se encontram, extensão da área, limites, confrontações, benfeitorias, origem dos títulos, números das transcrições aquisitivas e ônus que os gravem; os móveis, com os sinais característicos; os semoventes, seu número, espécies, marcas e sinais distintivos; o dinheiro, as jóias, os objetos de ouro e prata, e as pedras preciosas, declarando-se-lhes especificamente a qualidade, o peso e a importância, os títulos da dívida pública, bem como as ações, quotas e títulos de sociedade, mencionando-se-lhes o número, o valor e a data; as dívidas ativas e passivas, indicando-se-lhes as datas, títulos, origem da obrigação, bem como os nomes dos credores e dos devedores; direitos e ações; o valor corrente de cada um dos bens do espólio. Entre os móveis, devem situar-se os veículos, barcos e outros bens dessa natureza.

As incumbências do inventariante são muitas, próprias de administrador da massa de bens hereditária. Compete-lhe representar o espólio ativa e passivamente, em juízo ou fora dele; administrar o espólio, velando-lhe os bens com a mesma diligência como se seus fossem; prestar as primeiras e últimas declarações pessoalmente ou por procurador com poderes especiais; exigir em cartório, a qualquer tempo, para exame das partes, os documentos relativos ao espólio; juntar aos autos certidão do testamento, se houver; trazer à colação os bens recebidos pelo herdeiro ausente, renunciante ou excluído; prestar contas de sua gestão ao deixar o cargo ou sempre que o juiz lhe determinar. Poderá o inventariante, quando a lei facultar, requerer a insolvência do espólio, se as dívidas se ombrearem ao ativo.

Embora o espólio não seja considerado uma pessoa jurídica, poderá ele entabular relações jurídicas com pessoas variadas, representado pelo inventariante.

Incumbe ainda ao inventariante, ouvidos os interessados e com autorização do juiz: alienar bens de qualquer espécie; transigir em juízo ou fora dele; pagar dívidas do espólio; fazer as despesas necessárias com a conservação e o melhoramento do espólio (art. 992 do CPC).

Foi já dito que, ao ser intimado da nomeação, o inventariante deverá, em cinco dias, prestar compromisso de bem e fielmente desempenhar o cargo. Não cumprindo esse compromisso, o inventariante estará sujeito às conseqüências legais. O inventariante será removido: se não prestar, no prazo legal, as primeiras e as últimas declarações; se não der ao inventário andamento regular, suscitando dúvidas infundadas ou praticando atos meramente protelatórios; se, por culpa sua, se deteriorarem, forem dilapidados ou sofrerem danos os bens do espólio; se não defender o espólio nas ações em que for citado, deixar de cobrar dívidas ativas ou não promover as medidas necessárias para evitar o perecimento de direitos; se não prestar contas ou as que prestar não forem julgadas boas; se sonegar, ocultar ou desviar bens do espólio (art. 995 do CPC).

22.3. A abertura do inventário

Proceder-se-á ao inventário judicial, ainda que todas as partes sejam capazes (art. 982 do CPC). No direito brasileiro, o inventário é sempre um procedimento judicial, devendo processar-se no foro do último domicílio do "de cujus". Conforme será visto adiante, consta esse processo de diversas fases, até o encerramento, com muitos atos específicos previstos em lei, como a nomeação do inventariante, sua posse e compromisso. No inventário serão descritos com individuação e clareza todos os bens da herança, assim como os alheios nela encontrados.

Enquanto não for aberto o inventário, não há inventariante. Até que o inventariante preste compromisso, continuará o espólio na posse do administrador provisório (art. 985 do CPC). O administrador provisório é quem ficar na posse da herança logo após a morte do "de cujus", geralmente o cônjuge sobrevivente. Às vezes, será o testamenteiro, consoante foi falado. O administrador provisório representa ativa e passivamente o espólio: é obrigado a trazer ao acervo os frutos que desde a abertura da sucessão percebeu, tem direito ao reembolso das despesas necessárias e úteis que fez e responde pelo dano a que, por dolo ou culpa, der causa (art. 986 do CPC).

É ao administrador provisório, isto é, a quem estiver na posse e administração do espólio, que incumbe requerer o inventário e a partilha. O requerimento será instruído com a certidão de óbito do autor da herança (art. 987 do CPC). Será conveniente repetir que o administrador provisório exerce essa função, mesmo após a abertura do inventário, até que o inventariante nomeado tome posse. Embora nem sempre, geralmente é o administrador provisório que é nomeado inventariante.

Contudo, outras pessoas também podem requerer o inventário. Têm legitimidade concorrente: o cônjuge supérstite, o herdeiro, o legatário, o testamenteiro, o cessionário do herdeiro ou do legatário ou do autor da herança, o síndico da falência do herdeiro, do legatário, do autor da herança ou do cônjuge supérstite; o Ministério Público, havendo herdeiros incapazes, ou a Fazenda Pública, quando tiver interesse (art. 988 do CPC). Enfim, qualquer pessoa diretamente interessada na herança poderá requerer o inventário, mesmo que não seja da família do "de cujus". O próprio juiz poderá "ex offício" determinar a abertura, ou a pedido do Ministério Público.

O cônjuge sobrevivo tem legitimidade para requerer, mesmo que seja casado em regime de separação. Poderá ter interesse na sua meação, ou em bens que tenham sido adquiridos em conjunto, ou como responsável por filhos menores herdeiros. Os herdeiros igualmente têm interesse na questão, por serem os beneficiários da herança. O legatário é também um sucessor, embora a título singular, mas tem direto interesse na herança. Do testamenteiro foi já falado, cabendo-lhe inclusive a obrigação de requerer, quando o testador o tiver incumbido da posse e administração da herança. O cessionário do herdeiro e do legatário e a quem estes tenham transferido algum direito, ocupando destarte o lugar deles. Da mesma forma o credor do herdeiro, do legatário ou do próprio autor da herança: é sabido que o patrimônio do devedor é a garantia de seus credores. Assim sendo; a herança é a garantia do crédito deles, podendo ele requerer o seqüestro ou a penhora dos bens que a constituem, ou, até mesmo a falência do espólio. O Ministério Público só poderá agir nessa questão quando houver incapazes. A Fazenda Pública tem interesses tributários sobre a herança.

22.4. O arrolamento

Ante o acúmulo de processos e a natural complexidade legislativa e processual da era moderna, introduziu-se, em 1.982, por meio da Lei 7.019/82, uma nova modalidade de inventário, mais versátil e simplificado, denominado arrolamento. O novo sistema dispensa várias formalidades, para torná-lo mais rápido, embora adotando a mesma estrutura legislativa e a mesma praxe geral observadas quando ao inventário. Entretanto, é preciso que, para a adoção desse sistema, o próprio espólio seja mais simples, menos complexo e volumoso. Necessário que no arrolamento não haja herdeiro incapaz e o valor dos bens do espólio não ultrapasse a 2.000 BTNs. Necessário ainda que todos os herdeiros estejam concordes quanto à partilha, que será elaborada por eles mesmos. Deverá haver então uma partilha amigável, submetida ao juiz para a devida homologação.

A inovação não constou de nosso Código Civil, mas prevista pelos arts. 1.031 a 1.038 do nosso Código de Processo Civil, embora se apliquem ao arrolamento as normas genéricas do Direito das Sucessões, tanto do Código Civil, como do Código de Processo Civil. Estávamos no final do "mini", em que se vulgarizou a mini-saia e se criaram o mini-balanço, mini-programa e outros minis; criou-se então o mini-inventário. Pelo arrolamento, segundo o art. 1.031 do Código de Processo Civil, a partilha amigável, celebrada entre partes capazes, nos termos do art. 2.015 do Código Civil, será homologada de plano pelo juiz, mediante a prova da quitação dos tributos relativos aos bens do espólio e às suas rendas. Como no inventário, imprescindível se torna, portanto, juntar certidão negativa da Receita Federal.

A petição inicial deverá ser minuciosa como a do inventário, mas terá efeitos mais completos: poderá ser juntado o formal de partilha, assinado pelos herdeiros, com firma reconhecida, a certidão negativa da Receita Federal, a documentação referente aos bens, com o valor atribuído a eles para fins de partilha. Requererá a nomeação do inventariante e a homologação da partilha. Tanto no inventário, como no arrolamento, imprescindível se torna a juntada da certidão de óbito do autor da herança, pois é a prova da abertura da sucessão.

23. DA PARTILHA

23.1. Conceito e efeitos
23.2. Os que podem requerer a partilha
23.3. Modalidades de partilha
23.4. Bens embaraçosos à partilha

23.1. Conceito e efeitos

Partilhar significa dividir em partes, repartir. Em sentido diferente, mas correlato, significa participar, comungar, como por exemplo, partilhar direitos, riscos ou obrigações. No sentido do que estamos tratando, a partilha é a divisão da herança em várias porções, para serem distribuídas aos herdeiros. Essas porções são chamadas de quinhões hereditários. Processualmente, é a fase do inventário, constituída de uma série de operações, tendo em vista a composição dos quinhões hereditários, que serão atribuídos àqueles a quem são devidos. Quando houver um só herdeiro, não haverá partilha, mas adjudicação.

A partilha põe fim à indivisão, à comunhão hereditária. Até então a herança constituía um patrimônio indiviso, uma "res communis" dos herdeiros comunheiros. O comunheiro é o co-titular dos direitos e obrigações dessa "universitas juris". Essa comunhão hereditária cessa com a partilha, pois o patrimônio deixou de ser comum. O inventário tem pois um caráter transitório, procurando atingir a partilha.

23.2. Os que podem requerer a partilha

A partilha é requerida no próprio processo de inventário, pelo inventariante, que representa os herdeiros e mesmo por estes diretamente. O herdeiro pode requerer a partilha, embora lhe seja proibido pelo testador. Podem-na requerer também os cessionários e credores do herdeiro. Não obsta à partilha o estar um ou mais herdeiros na posse de certos bens do espólio. São os interessados na herança e portanto lhes cabe o direito de reclamar o seu quinhão. O cônjuge-meeiro poderá também requerer a partilha, para lhe ficar assegurada a meação. Caso nenhum desses requeira, poderá também requerer o Ministério Público ou ser determinada "ex officio" pelo juiz.

23.3. Modalidades de partilha

Há duas modalidades de partilha: a amigável e a judicial. Se os herdeiros forem maiores e capazes, poderá fazer partilha amigável, por escritura pública, termo nos autos do inventário, ou escrito particular, homologado pelo juiz (art. 2.015). No sentido exato da expressão, a partilha é sempre judicial, ou, no mínimo mista, uma vez que nela existe a intervenção do juiz, ao homologá-la. A partilha amigável é própria do arrolamento, mas é possível também no inventário, por maior que seja o valor e o volume dos bens; basta que todos os herdeiros sejam capazes.

Será sempre judicial a partilha, se os herdeiros divergirem, assim como se algum deles for menor, ou incapaz (art. 2.016). Essa modalidade de partilha não será realizada pelos herdeiros, mas por ordem do juiz, elaborada pelo "Partidor Judicial". O partidor é um órgão do Poder Judiciário, recebendo esse nome por ser sua função a de elaborar o esboço da partilha, que será submetido ao pronunciamento dos herdeiros, no prazo comum de cinco dias, e, dirimidas eventuais divergências, será aprovado por sentença do juiz. O partidor organizará o esboço da partilha de acordo com a decisão do juiz, observando nos pagamentos a seguinte ordem:

I – dívidas atendidas;

II – meação do cônjuge;

III – meação disponível;

IV – quinhões hereditários, a começar pelo co-herdeiro mais velho.

A partilha põe fim ao processo de inventário, tendo um efeito declaratório. Reconhece, e satisfaz com o pagamento, os direitos de cada herdeiro. Com o encerramento do processo, desaparece o patrimônio hereditário, que se incorpora no patrimônio dos herdeiros. Não é arbitrário o esboço da partilha, elaborado pelo partidor, mas seguirá as normas e critérios adotados pelo Direito das Sucessões, mormente a eqüidade e igualdade de direitos entre os sucessores. No partilhar os bens, observar-se-á quanto ao seu valor, natureza e qualidade, a maior igualdade possível (art. 2.017). Se for rompida essa igualdade, poderá haver objeção dos herdeiros, forçando a decisão judicial de possíveis litígios.

Outra modalidade de partilha é a "partilha em vida". É válida a partilha feita pelo pai, por ato entre vivos ou de última vontade, contanto que não prejudique a legítima dos herdeiros necessários (art. 2.018). Como se viu, essa espécie de partilha só se opera de ascendentes para descendentes e poderá ser por ato "inter vivos" ou "causa mortis". Não é ela feita nem pelos herdeiros nem pela justiça, mas pelo autor da herança, quando ainda em vida. Para evitar os transtornos do inventário, os gastos que acarreta e, muitas vezes, para guardar sigilo quanto ao montante e à formação do patrimônio, um cidadão faz, ainda em vida, a divisão de seus bens entre seus descendentes. Se houver contemplados que não sejam herdeiros necessários, deve ser reservada a metade do patrimônio, que deverá caber a eles.

É então feita no sistema de doação, sendo por isso também chamada de partilha-doação. As normas sobre a doação concorrem, neste caso, com as normas sucessórias. Essa sucessão antecipada coloca o doador em situação delicada ao final de sua vida, porquanto se despoja de seu patrimônio. Às vezes, os herdeiros são filhos solteiros e não sabe o disponente quem serão seus genros e noras e nem mesmo o que seus filhos farão com a herança. Surgiu, por isso, no direito italiano um brocardo específico:

| Chi il suo dona prima di morire | Quem o seu dá antes de morrer |
| Presto si prepara a molto soffrire. | Logo se prepara para muito sofrer |

Outro tipo de partilha em vida é por meio de testamento. Nesse caso, deverá ser executada judicialmente. Sendo ato de última vontade, só produzirá efeitos após a morte do disponente. Submete-se, neste caso, às regras referentes ao testamento. É chamada de partilha-testamento.

23.4. Bens embaraçosos à partilha

O processo da divisão do patrimônio pode sofrer certos embaraços por motivos vários: uma mesma casa, por exemplo, terá que ser dividida entre três herdeiros, tornando-se um bem problemático, principalmente se estiver gravada de ônus. O valor dos bens pode dificultar a formação dos quinhões sem ferir o princípio judicial. Esses bens tendem a emperrar o andamento do processo. Procura a lei traçar a solução para alguns desses problemas.

O imóvel que não couber no quinhão de um só herdeiro, ou não admitir divisão cômoda, será vendido em hasta pública, dividindo-se-lhe o preço, exceto se um ou mais herdeiros requererem lhes seja adjudicado, repondo aos outros, em dinheiro, o que sobrar (art. 2.019). Os bens imóveis constituem um sério problema para a divisão eqüitativa da herança e pomo de discórdia. Deixar que vários herdeiros fiquem donos de um só imóvel será liquidar a comunhão hereditária, criando outra comunhão. Dividir um grupo de imóveis para cada um dos herdeiros, raramente contenta a todos, A solução é a venda do imóvel problemático em leilão, visto que o valor do dinheiro é facilmente divisível. Ou então, avalia-se o imóvel e um dos herdeiros adquire-o, adjudicando a si, pagando as quotas aos demais co-herdeiros.

Os herdeiros em posse dos bens de herança, o cônjuge sobrevivente e o inventariante são obrigados a trazer ao acervo os frutos que, desde a abertura da sucessão, perceberem; tem direito ao reembolso das despesas necessárias e úteis, que fizeram, e respondem pelo dano, a que, por dolo ou culpa, deram causa (art. 2.020). Nessas mesmas obrigações incorre também o administrador provisório, por exigência do art. 986 do Código de Processo Civil. Por exemplo: um herdeiro mora num imóvel do espólio, devendo pagar ao próprio espólio um aluguel; outro herdeiro é o encarregado de receber os aluguéis de imóveis locados a terceiros.

Quando parte da herança consistir em bens remotos do lugar do inventário, litigiosos, ou de liquidação morosa, ou difícil, poderá proceder-se, no prazo legal, à partilha dos outros, reservando-se aqueles para uma ou mais sobrepartilhas, salvo a guarda e a administração do mesmo, ou diverso inventariante, o aprazimento da maioria dos herdeiros. Também ficam sujeitos à sobrepartilha os sonegados e quaisquer outros bens da herança que se descobrirem depois da partilha (art. 2.022). Como se vê, a sobrepartilha é uma partilha adicional, incluindo-se nela bens que exigiam melhores esclarecimentos sobre sua propriedade. Para que as dúvidas sobre esses bens não obstruam a solução da partilha, esta é feita, ficando os bens problemáticos para a sobrepartilha, vale dizer, um suplemento da partilha, incluindo esses bens que não foram incluídos na partilha por qualquer motivo.

De acordo com o art. 1.040 do Código de Processo Civil, ficam sujeitos à sobrepartilha os bens referidos como problemáticos. Várias são as causas que podem levar à partilha adicional. Observar-se-á na sobrepartilha dos bens o processo de inventário e partilha: a sobrepartilha correrá nos autos do inventário do autor da herança (art. 1.041 do CPC).

24. DOS SONEGADOS

24.1. Conceito de sonegado
24.2, Quem é o sonegador
24.3. Da ação de sonegados

24.1. Conceito de sonegado

Os sonegados são os bens que deveriam fazer parte do espólio, mas não lhe foram incorporados, por terem sido subtraídos ao destino que lhes era previsto. São bens dolosamente ocultados por pessoas que estavam legalmente obrigadas a recolhê-los ao espólio. A lei focaliza muito o inventariante como potencial sonegador, mas poderá ser qualquer pessoa ligada ao inventário: um herdeiro ou mesmo um donatário.

O herdeiro que sonegar bens da herança, não os descrevendo no inventário, quando estejam em seu poder, ou, com ciência sua, no de outrem, ou que os omitir na locação, a que os deva levar, ou o que deixar de restituí-los, perderá o direito, que sobre eles caiba (art. 1.992). Pelo que está descrito, a sonegação é um ato doloso, ficando evidente que o sonegador reteve em seu poder um bem que sabia pertencer ao espólio, prestando informações falsas sobre o bem, ou deixando de prestar informações que deveria prestar. A sonegação deve representar prejuízo patrimonial ao espólio. Comprovado que um bem do espólio ficou retido nas mãos do sonegador, cabe a ele demonstrar que não ocultou por má-fé.

24.2. Quem é o sonegador

O sonegador deve ser herdeiro, uma vez que a penalidade que lhe é imposta é a perda do direito ao próprio bem sonegado. Um terceiro, pessoa não ligada ao inventário, não se elenca entre os sonegadores; poderá ser processado por apropriação indébita e não por sonegação. Se o herdeiro for também o inventariante, estará mais propenso a incidir em sonegação. É ao inventariante que cabe prestar as primeiras declarações, descrevendo os bens do espólio. Comprovando-se depois a existência de bens do espólio, não relacionados por ele, sem explicações plausíveis, incorre ele em sonegação. Nesse caso, além de perder o direito aos bens sonegados, o art. 1.993 do Código Civil e 995-VI do Código de Processo Civil impõem a remoção do inventariante.

Implica a sonegação para o inventariante, em que ele termine seu trabalho de descrição dos bens. Só se pode argüir de sonegação o inventariante depois de encerrada a descrição dos bens, com a declaração, por ele feita, de não existirem outros por inventariar e partir, e o herdeiro depois de declarar no inventário que os não possui (art. 1.966). Fica então caracterizada a má-fé do inventariante, por não haver ele denunciado a existência de outros bens do espólio, não descritos no inventário, ao encerrar o prazo para essa denúncia. Esse mesmo critério é assegurado pelo art. 994 do Código de Processo Civil, que diz claramente:

> "Só se pode argüir de sonegação ao inventariante depois de encerrada a descrição dos bens, com a declaração por ele feita, de não existirem outros por inventariar".

Uma dúvida surge quando se tratar do caso de um inventariante que não seja herdeiro. É o exemplo do cônjuge-meeiro, que normalmente é o inventariante natural, mas os herdeiros são os filhos. Não perde o direito à herança dos bens sonegados, já que não possui esse direito. Está porém submetido à remoção do cargo, e à possível ação dos herdeiros, seus filhos, o que não deixa de ser constrangedor. Se o inventariante for o testamenteiro e estiver incurso em sonegação, perderá o cargo e o direito à sua remuneração, a vintena ou prêmio.

Concluímos assim que o sonegador não é apenas o herdeiro, mas terá que ser pessoa diretamente ligada ao inventário. É pessoa que está obrigada, por sua posição ante o inventário, de indicar e descrever os bens do espólio. Desde que não cumpra essa função, coloca-se na posição do sonegador, como no exemplo já citado, do cônjuge-meeiro e do testamenteiro.

Também se amolda na posição de sonegador, o cessionário de um herdeiro. Ele toma o lugar do herdeiro na posse ou domínio dos bens. A cessão, pelo herdeiro, de um bem que deveria pertencer ao espólio caracteriza uma fraude. Ainda que o cessionário seja um possuidor de boa-fé, está na obrigação de denunciar o bem que lhe tenha sido transmitido.

24.3. Da ação de sonegados

A pena de sonegador só se pode requerer e impor em ação ordinária, movida pelos herdeiros, ou pelos credores da herança. A sentença que se proferir na ação de sonegados, movida por qualquer dos herdeiros, ou credores, aproveita aos demais interessados (art. 1.994). A apuração das responsabilidades, a cominação das penas previstas em lei, a caracterização do procedimento doloso do sonegador, e outros levantamentos importantes deverão ser processados e decididos por meio de um procedimento ordinário, denominado "ação de sonegados", referido no art. 1.782. A remoção do inventariante ou a perda ao direito da vintena pode ser decidida nos próprios autos do inventário, mas a pena de sonegados perturbaria o andamento desse feito.

Tem legitimidade para exercer a ação de sonegados o inventariante, em nome do espólio, contra o herdeiro que não descrever bens da herança que estejam em seu poder, ou que saiba haver bens da herança em poder de terceiro, ou deixe de conferir no inventário bens sujeitos à colação. Por outro lado, o sonegador pode ser o próprio inventariante ou este deixe de exercer a ação de sonegados quando devia. Pode também propor a ação os herdeiros, pois os sonegados deverão incorporar-se à herança a ser rateada entre eles. Os credores do autor da herança têm igualmente interesse direto na questão, porquanto bens sonegados enfraquecem a garantia de seus créditos. O legatário não tem interesse na ação; o seu bem já está reservado, só lhe será atribuído no final do inventário.

Se não se restituírem os bens sonegados, por já os não ter o sonegador em seu poder, pagará ele a importância dos valores que ocultou, mais as perdas e danos (art. 1.995). A ação de sonegados é pessoal, atingindo o sonegador; não deverá ter efeitos além dele. Se o sonegador transferir o bem, a pena não deve atingir terceiro de boa-fé que tiver adquirido o bem.

Se, durante a ação, o sonegador vier a falecer, a responsabilidade não pode atingir seus sucessores. Sendo ação pessoal, a prescrição está prevista no art. 205 como de 10 anos.

25. DA COLAÇÃO

25.1. Conceitos de colação
25.2. Sujeitos da colação
25.3. Dispensa da colação
25.4. Casos especiais da colação

25.1. Conceitos de colação

Colação é o recolhimento que um herdeiro deve fazer ao acervo hereditário dos bens que, por ventura, tenha recebido em doação pelo autor da herança, quando ainda em vida. Esse recolhimento impõe-se apenas na sucessão legítima e para os herdeiros necessários. A colação tem por fim igualar as legítimas dos herdeiros. Os bens conferidos não aumentam a metade disponível. Deriva esse termo de "collatio", por sua vez, de "conferre", conferir, ajuntar, recolher, trazer conjuntamente. Por isso, quando a lei fala em bens "conferidos", quer dizer, juntados, recolhidos. Por que tem a colação o intento de igualar a legítima dos herdeiros? Examinaremos em exemplo, para encontrar a resposta. Um pai faz doação de uma casa a um de seus filhos; em seguida falece, deixando seus bens de herança a três filhos. A herança será dividida entre os três, mas o filho que recebera antes uma casa, terá levado vantagem sobre os outros dois, rompendo o princípio de igualdade entre os herdeiros.

Presume-se que não era a vontade do pai beneficiar um filho em detrimento dos outros, uma vez que, se assim quisesse, teria deixado a casa em testamento, deslocando-a de sua metade disponível. Tendo em vista a morte do pai, o filho beneficiado com a doação deverá "conferir" essa casa à massa hereditária, ou seja, recolher o bem deslocado do patrimônio do "de cujus", para esse mesmo patrimônio. Desse modo, todos se colocam em posição de igualdade e os três filhos receberão o mesmo quinhão. Ficaram assim igualadas as partes legítimas de cada um. Pressupõe-se que o pai-doador tenha adiantado ao filho parte de sua legítima.

25.2. Sujeitos da colação

Os descendentes, que concorrerem à sucessão do ascendente comum, são obrigados a conferir as doações e os dotes, que dele em vida receberam sob pena de sonegação (art. 2.002). Pelos dizeres da lei, são obrigados à colação os herdeiros descendentes, ou seja, os herdeiros necessários. A colação é pois um instituto peculiar à sucessão legítima. Aplica-se ainda aos descendentes sucessivos, isto é, se não houver filhos, aos netos, terminando nestes. Quando os netos, representando seus pais, sucederam aos avós, serão obrigados a trazer à colação, ainda que o não hajam herdado, o que os pais teriam de conferir.

Se, ao tempo de falecimento do doador, os donatários já não possuírem os bens doados, trarão à colação o seu valor (art. 2.003). Os bens deverão ser calculados pelo valor que tiverem ao tempo de abertura da sucessão, segundo o art. 1.014 do Código de Processo Civil. Achamos que deva ser o critério a ser adotado, pois, o art. 2.004 do Código Civil diz que deve ser o valor na data da doação. Como o art. 2.º, § 1.º da Lei de Introdução ao Código Civil diz que a lei posterior revoga a lei anterior quando seja com ela incompatível e sendo o Código Civil bem posterior ao CPC, concluímos que deva prevalecer o valor da data da abertura da doação, vale dizer, da liberalidade. Outro conflito vai ser encontrado no art. 2.004; diz o § 2.º que só o valor dos bens doados entrará em colação; não assim o das benfeitorias acrescidas, as quais pertencerão ao herdeiro donatário, correndo também por conta deste os danos e perdas que eles sofrerem.

Disposição "sui generis" é estabelecida pelo art. 2.012: sendo feita a doação por ambos os cônjuges, no inventário de cada um se conferirá por metade. Nem o Código Civil francês, nem o italiano trazem artigo com esse teor. Procuraremos interpretar ao pé da letra esse artigo: marido e mulher fazem uma doação a um filho; morrendo o marido, o filho-donatário fará colação, no inventário do pai, de apenas a metade do bem recebido; quando morrer sua mãe, fará a colação da outra metade, no inventário desta.

25.3. Dispensa da colação

Não virão à colação os gastos ordinários do ascendente com o descendente, enquanto menor, na sua educação, estudos, sustento, vestuário, tratamento nas enfermidades, enxoval e despesas de casamento e livramento em processo-crime (art. 2.010).

As doações remuneratórias de serviços feitos ao ascendente também não estão sujeitos à colação (art. 2.011). Esses gastos não são feitos com o intuito de prejudicar herdeiros, mas se tornaram necessários na ocasião em que foram feitos. Por exemplo: um pai paga as despesas de operação médica de um filho; caso o pai venha a falecer, será falta de sensibilidade humana exigir que o filho operado recolha ao espólio o dinheiro gasto com a operação. Senão, o filho deveria conferir ao espólio os brinquedos que ganhou no Natal, suas roupas e outros objetos de uso pessoal, que lhe foram presenteados pelo pai.

25.4. Casos especiais de colação

São dispensados da colação as doações que o doador determinar saiam da parte disponível, contando que não a excedam, computado o seu valor ao tempo da doação. Presume-se imputado na parte disponível a liberalidade feita a descendente que ao tempo do ato, não seria chamado à sucessão na qualidade de herdeiro necessário (art. 2.005). Para interpretar bem essa disposição é bom relembrar que o patrimônio de um cidadão é constituído de duas partes: a legítima e a disponível.

A legítima é a metade do patrimônio sagradamente reservada aos herdeiros necessários, ou seja, aos descendentes, ascendentes e cônjuge. A disponível é a que o testador pode dispor, destinando-a a quem ele quiser, seja parente herdeiro, seja pessoa estranha à família. Como o dono da herança pode doar em testamento parte disponível da herança, poderá também em vida destinar alguns bens a alguém, desde que declare ser essa doação da parte disponível. Nesse caso, o donatário não precisará devolver à herança os bens doados. A dispensa da colação pode ser outorgada pelo doador em testamento, ou no próprio título de liberalidade (2.006). Mesmo que não haja essa dispensa, presume-se imputada essa doação à parte disponível.

São sujeitas à redução as doações em que se apurar excesso quanto ao que o doador poderia dispor, no momento da liberalidade. O excesso será apurado com base no valor que os bens doados tinham no momento da liberalidade. As doações têm um limite: é o valor da parte disponível; se ultrapassar esse valor deve o excesso ser destinado à colação. O excesso deverá constar da devolução dos bens doados à herança, mas se não mais existir o bem em poder do donatário, será em dinheiro, pelo valor dos bens doados, ao tempo da abertura da sucessão.

Também fica sujeita a redução a parte da doação feita aos herdeiros necessários, que tenha excedido a legítima e mais a quota disponível. Assim sendo, tem de haver respeito à legítima, ainda que as doações sejam feitas aos próprios herdeiros necessários, evitando que alguns deles se beneficie em detrimento dos outros. Sendo várias as doações a herdeiros necessários, feitas em diferentes datas, serão elas reduzidas a partir da última, até a eliminação do excesso.

Ainda que algum herdeiro tenha renunciado à herança ou tenha sido excluído dela, não poderá beneficiar-se das doações que tenha recebido, em prejuízo dos herdeiros necessários e dos demais. Aquele que renunciou à herança ou dela foi excluído deve, não obstante, conferir as doações recebidas, para o fim de repor o que exceder o disponível (art. 2.008).

Vamos imaginar ainda a seguinte hipótese: Modestino falece deixando a herança a seus três filhos: Gaio, Paulo e Ulpiano. Todavia, Modestino doou 70% de seu patrimônio a Ulpiano, ou seja, 20% a mais o valor da parte disponível. Em conseqüência, Gaio e Paulo só receberão 30% da herança, 15% cada um, embora a lei lhe garantisse 50%. Ulpiano, por sua vez, também faleceu, deixando sua herança para seu filho Papiniano, isto é, Ulpiano deixou para seu filho a herança que recebeu de Modestino. No caso em tela, Ulpiano deveria entregar a herança 20% do valor total dela, para igualar a parte dos três irmãos: Gaio, Paulo e Ulpiano. Como Ulpiano já morreu, essa obrigação foi herdada por seu filho. Papiniano portanto deverá conferir à herança a parte excedente da que seu pai recebera. A regra é esta: quando os netos representando os seus pais, sucederem aos avós, serão obrigados a trazer à colação, ainda que não o hajam herdado, o que os pais teriam de conferir. É o que diz o art. 2.009.

26. DO PAGAMENTO DAS DÍVIDAS

26.1. A depuração do espólio
26.2. O processo de depuração
26.3. As dívidas eventuais

26.1. A depuração do espólio

O patrimônio do "de cujus" é a herança que deixará a seus sucessores. Constitui-se o patrimônio de um conjunto de direitos e obrigações. Sendo assim, as dívidas que o autor da herança tinha, antes de falecer, não desaparecem de seu patrimônio, mas se integram na herança. Nesse caso, as dívidas e demais obrigações teriam que ser também partilhadas, o que dificultaria ainda mais a solução do inventário. Essas dificuldades devem pois ser solucionadas antes da partilha. Transmitir aos sucessores uma parcela do patrimônio do "de cujus", sem escoimá-la das dívidas, poderia ser para eles um autêntico cavalo de Tróia. Se as dívidas suplantarem o ativo da herança, os herdeiros podem recusá-la, pois não estão obrigados a assumir encargos. Anula-se então a herança e os credores poderão disputar os bens hereditários.

A herança responde pelo pagamento das dívidas do falecido; mas, feita a partilha, só respondem os herdeiros, cada qual em proporção da parte, que na herança lhe coube. Quando, antes da partilha, for requerido no inventário o pagamento de dívidas constantes de documentos, revestidos de formalidades legais, constituindo prova bastante da obrigação, e houver impugnação, que não se funde na alegação de pagamento, acompanhada de prova valiosa, o juiz mandará reservar, em poder do inventariante, bens suficientes para solução do débito, sobre os quais venha a recair oportunamente a execução. Nesse caso, o credor será obrigado a iniciar a ação de cobrança dentro do prazo de trinta dias, sob pena de se tornar sem nenhum efeito a providência indicada (art. 1.997).

É sabido que o patrimônio de um devedor é a garantia de seus credores. O patrimônio do finado responde então pelas dívidas, até onde suas forças puderem cobrir, pois a herança não pode responder "ultra vires hereditatis" (além das forças da herança). Havendo pois dívidas sensíveis, antes que seja feita a partilha, devem os credores do finado, agora transformados em credores do espólio, habilitar seus créditos no processo de inventário.

26.2. O processo de depuração

Os arts. 1.017 a 1.021 do Código de Processo Civil estabelecem as normas processuais para que o espólio seja depurado de suas dívidas, com o pagamento delas antes da partilha, formando-se um concurso de credores, com alguma analogia com as habilitações na falência. As normas estabelecidas pelo Código de Processo Civil não se conflitam com que dispõe o Código Civil sobre o pagamento das dívidas, no art. 1.997 a 2.001.

Antes da partilha, poderão os credores do espólio requerer ao juízo do inventário o pagamento das dívidas vencidas e exigíveis. A petição, acompanhada de prova literal da dívida, será distribuída por dependência e autuada em apenso aos autos do processo de inventário. Concordando as partes com o pedido, o juiz, ao declarar habilitado o credor, mandará que se faça a separação de dinheiro, ou, em sua falta, de bens suficientes para o seu pagamento. Separados os bens, tantos quantos forem necessários para o pagamento, dos credores habilitados, o juiz mandará aliená-los em praça ou em leilão. Se o credor requerer que, em vez de dinheiro, lhe sejam adjudicados para o seu pagamento, os bens já reservados, o juiz deferir-lhe-á o pedido, concordando todas as partes (art. 1.017 do CPC). Há destarte um processo ordinário de cobrança de dívida, ainda que o credor disponha de um título executivo. A segurança desse processo ordinário supera à de um processo de execução, mesmo que o crédito seja impugnado.

Não havendo concordância de todas as partes sobre o pedido de pagamento feito pelo credor, será ele remetido para os meios ordinários. O juiz mandará, porém, reservar em poder do inventariante bens suficientes para pagar o credor, quando a dívida constar de documento que comprove suficientemente a obrigação e a impugnação não se fundar em quitação (art. 1.018 do CPC). Havendo impugnação do crédito fica garantido com a reserva de bens, o que equivale a uma penhora. A discussão judicial do crédito, normalmente, é apresentada em casos bem claros, como um recibo declarando quitada a dívida. Não é interessante para o espólio, nem para os herdeiros, ou qualquer outro interessado direto no inventário, estabelecer contenda na discussão do crédito, uma vez que prolongaria a solução do inventário.

Não é necessário que a dívida esteja vencida. O credor da dívida líquida e certa, ainda não vencida, pode requerer habilitação no inventário. Concordando as partes com o pedido, o juiz, ao julgar habilitado o crédito, mandará que se faça separação de bens para o futuro pagamento (art. 1.019 do CPC). Enquanto se discute o pagamento, a dívida vence-se e, sendo julgada procedente, será paga, ficando desde a habilitação, garantida pela reserva de bens.

Qualquer pessoa interessada poderá contestar o crédito, quando sentir que a habilitação possa esvaziar o espólio que garanta o pagamento de todos os credores. Pode ser o próprio espólio, um herdeiro, um outro credor, ou um legatário, caso em que o pagamento possa ameaçar seu legado. O legatário é parte legítima para manifestar-se sobre as dívidas do espólio:

I – quando toda a herança for dividida em legados;

II – quando o reconhecimento das dívidas importar redução dos legados (art. 1.020 do CPC).

26.3. As dívidas eventuais

As despesas funerárias, haja ou não herdeiros legítimos, sairão do monte da herança. Mas as de sufrágios por alma do finado só obrigarão a herança, quando ordenadas em testamento ou codicilo (art. 1.998). É um credor eventual e de último momento quem pede à herança o ressarcimento dos gastos despendidos no final da vida do "de cujus". Incluem-se nesse débito da herança não só as despesas funerárias, como a do enterro ou a aquisição do túmulo, mas também a hospitalização, médicos e os últimos socorros prestados ao autor da herança. Como a herança não poderia ter pago na devida ocasião, alguma pessoa ligada ao "de cujus" adiantou esse pagamento e será muito justo que seja reembolsada.

Estende-se esse critério também a um herdeiro que se obrigou a gastos para o andamento do inventário, como o pagamento de impostos, de ônus que gravem bens da herança. Utiliza-se então de uma ação regressiva contra os demais herdeiros. Sempre que houver ação regressiva de uns contra outros herdeiros, a parte do co-herdeiro insolvente dividir-se-á em proporção entre os demais (art. 1.999). O herdeiro tem que ser reembolsado pelo seu trabalho em prol da massa hereditária e os gastos devem ser repartidos entre todos os herdeiros; se um deles estiver insolvente e impossibilitado de pagar, todos deverão arcar com a parte do insolvente.

Se o herdeiro for devedor do espólio, sua dívida será partilhada igualmente entre todos, salvo se a maioria consente que o débito seja imputado inteiramente no quinhão do devedor (art. 2.001). Não achamos essa disposição muito clara e coerente. Se um herdeiro tem uma dívida para com o espólio, por que essa dívida deve ser partilhada entre todos?

O devedor é quem deve pagar e poderia a dívida ser deduzida de seu quinhão. A lei abre essa possibilidade, se a maioria "consentir". O verbo consentir está aqui empregado em sentido muito equívoco.

Os legatários e credores da herança podem exigir que do patrimônio do falecido se discrimine o do herdeiro, e, em concurso com os credores deste, ser-lhes-ão preferidos no pagamento (art. 2.000). Também confuso é esse artigo, por basear-se na confusão entre o patrimônio do autor da herança e do herdeiro. Prevê uma separação de bens, para maior garantia dos legatários.

27. DA GARANTIA DOS QUINHÕES HEREDITÁRIOS

27.1. O fim da indivisão
27.2. Os efeitos da evicção

27.1. O fim da indivisão

Julgada a partilha, fica o direito de cada um dos herdeiros circunscritos aos bens do seu quinhão (art. 2.023). Ao estudar a partilha, foi feita referência à indivisão da herança em quinhões, isto é, em partes que são atribuídas a cada herdeiro. Até a partilha, a herança é uma comunhão, com diversos participantes; é uma "res communis". Todos têm direitos sobre ela e todos são responsáveis por ela.

Feita a partilha, cessa a comunhão, cessa o bem coletivo. Cada herdeiro fica com o que é seu, com o seu quinhão. Não existe mais o espólio, nem responsabilidade conjunta, nem solidária. Cada um foi pago no que era de seu direito, dentro do princípio de igualdade. Impõe-se contudo que os herdeiros fiquem seguros no quinhão em que foi investido cada um, para não ser prejudicado e não romper a igualdade.

27.2. Os efeitos da evicção

A surpresa desagradável de um herdeiro, ao ver seu quinhão corroído após a partilha, dá-se pela evicção. Já tivemos oportunidade de nos referir à evicção neste compêndio. Foi feito sobre ela um estudo específico no volume que tratou dos contratos translativos de propriedade. A evicção é a perda da propriedade de um bem, por uma decisão judicial, que julgou esse bem como pertencente à outra pessoa. Vamos dar um exemplo: Paulo adquiriu de Ulpiano um imóvel, em condições normais. Posteriormente, uma decisão judicial anula essa aquisição, em vista de uma ação movida por Modestino contra Ulpiano. Modestino dizia-se o proprietário daquele imóvel e não Ulpiano, e o juiz reconheceu esse direito de Modestino. Paulo adquiriu o imóvel "a non domino", isto é, de quem não era o proprietário. Por isso o perdeu. Isto é a evicção. Quem vendeu um bem deve garantir o comprador contra os riscos de evicção. A herança também. Ao transferir os bens aos herdeiros, a herança deve resguardá-los contra a evicção, vale dizer, contra a perda dos bens que tenham constituído o quinhão.

Os co-herdeiros são reciprocamente obrigados a indenizar-se, no caso de evicção dos bens aquinhoados (art. 2.024). Conforme foi falado, a herança não existe mais. Os herdeiros então devem responder por essa responsabilidade da herança. O evicto será indenizado pelos co-herdeiros na proporção de suas quotas hereditárias; mas, se algum deles se achar insolvente, responderão os demais, na mesma proporção, pela parte desse, menos a quota que correspondia ao indenizado (art. 2.026).

A lei prevê porém exceção em três casos, ficando os herdeiros fora da responsabilidade pela evicção. Cessa essa obrigação mútua, havendo convenção em contrário, e bem assim dando-se a evicção por culpa do evicto, ou por fato posterior à partilha (art. 2.025).

28. DA ANULAÇÃO DA PARTILHA

28.1. A revisão da partilha
28.2. A nulidade e a anulabilidade
28.3. Casos especiais de anulação

28.1. A revisão da partilha

As normas atinentes ao Direito das Sucessões, expostas pelo nosso Código Civil, terminam no art. 2.027. É o art. 2.027 o único componente do último capítulo da regulamentação sucessória, denominado "Da Anulação da Partilha". Antes de iniciarmos os comentários desse tema, reproduziremos o art. 2.027 "ipsis literis", isto é, com a remissão que ele faz ao art. 178, que trata dos defeitos dos negócios jurídicos. Assim diz o art. 2.027:

> "A partilha, uma vez feita e julgada, só é anulável pelos vícios e defeitos que invalidam, em geral, os negócios jurídicos.
> Parágrafo único – Extingue-se em um ano o direito de anular a partilha".

Bastante sumária é a disposição do Código Civil a este respeito, expondo em um só artigo questão bem delicada. Entretanto, a anulação da partilha só pode ser feita judicialmente e, assim sendo, tornou-se questão de Direito Processual. Para esclarecer melhor o assunto teremos então que nos remeter ao Código de Processo Civil.

Considerando a partilha um "negócio jurídico", o Código Civil deu-lhe a natureza de ato privado, o que acontece com a partilha amigável, ainda que homologada pelo juiz. Se a partilha for judicial não é "negócio jurídico", razão pela qual não se amolda no art. 2.027. São defeitos dos negócios jurídicos: erro, dolo, coação, fraude, simulação, lesão, estado de perigo. O art. 1.029 do CPC inclui também como causa da anulação da partilha o erro essencial ou intervenção de incapaz.

Caso seja partilha judicial, isto é, decorrente de sentença judicial, o critério é diferente. O CPC, no art. 30, chama "rescisão" da partilha e obedece a normas diferentes. A ação de anulação da partilha, prevista no art. 2.027 ataca a partilha e não a sentença judicial que a homologou.

O prazo para o exercício do direito de pedir a anulação da partilha é de um ano, mas a contagem do prazo pode variar:
– no caso de coação, do dia em que ela cessou;
– no de erro ou dolo, do dia em que se realizou o ato;
– quanto ao incapaz, do dia em que cessar a incapacidade.

28.2. A nulidade e a anulabilidade

A Teoria das Nulidades tem suas normas gerais expostas pelos arts. 166 a 184 do Código Civil, formando um capítulo denominado "Das Nulidades". A lei e a doutrina discriminam dois tipos de nulidades aplicados aos atos jurídicos em geral: a nulidade absoluta, indicada no art. 166, que declara o ato nulo, e a nulidade relativa, indicada no art. 171, que declara o ato anulável. Examinemos as duas.

Nulidade absoluta:

Segundo o art. 166, é NULO o ato jurídico:

I – quando praticado por pessoa absolutamente incapaz;

II – quando for ilícito, ou impossível, o seu objeto;

III – quando não revestir a forma prescrita em lei;

IV – quando for preterida alguma solenidade que a lei considere essencial para a sua validade;

V – quando a lei taxativamente o declara nulo ou lhe negar efeito.

A partilha é um ato jurídico, embora judicial. Além disso, a decisão judicial baseia-se em alguns atos jurídicos privados. Sendo esses atos nulos, nula deverá ser a partilha, porquanto um ato nulo não pode produzir efeitos: "quod nullum est nullum effectum producit". A partilha pode então ser declarada nula, se infringir um desses cinco casos acima citados. Vamos indicar alguns exemplos.

Se o formal de partilha amigável for celebrado por uma pessoa absolutamente incapaz, como um interdito, é nula. Se o testamento não observou as formalidades prescritas pela lei, como a ausência de testemunha, é nulo.

Incorrendo a partilha em casos de nulidade absoluta, pode ela ser declarada nula "ex officio" pelo juiz, ou sob alegação do Ministério Público. Não poderá ela jamais ser ratificada e validada. Não há prescrição para que seja declarada nula. A sentença judicial que a declarar nula, produzirá efeito "ex tunc", ou seja, desde que ela surgiu, sendo nulo tudo que ela tenha provocado. São características básicas de um ato jurídico nulo. Por exemplo: uma partilha que incluiu bens que não eram do "de cujus", portanto não pertencentes à herança. Nesse caso, há um defeito muito grave, uma questão de ordem pública e não apenas privada.

Nulidade relativa:

Diz o art. 171 que é anulável o ato jurídico:

I – por incapacidade relativa do agente;
II – por vício resultante de erro, dolo, coação, simulação, ou fraude contra credores.

Vamos ressaltar que o art. 171 diz que é "anulável" e não "nulo". Por exemplo: uma partilha destinou um quinhão a João Pereira de Souza, indicando seu RG; entretanto, era um homônimo pois o verdadeiro tinha outro RG. Trata-se esse caso de uma simulação. Outro exemplo: um dos herdeiros que tenha assinado o esboço de partilha amigável tinha só 17 anos. Em ambos os casos, essa partilha poderá ser anulada, mas só se a anulação for requerida pela pessoa prejudicada. A anulabilidade não pode ser requerida pelo Ministério Público nem declarada "ex officio" pelo juiz. Se for anulada, a anulação produzirá efeitos "ex nunc", isto é, a partir da data da anulação. Um aspecto importante da partilha anulável é que ela poderá ser validada, sanando-se o vício que a inquina. Em ambos os casos recém-citados, a partilha poderá ser regularizada. Por exemplo: o menor que participara da partilha, tendo atingido a maioridade, declara-se de acordo com a partilha. Na primeiro caso referido, o verdadeiro João Pereira de Souza, requer a anulação só da cláusula referente ao seu quinhão, substituindo-a por outra com a sua real identificação. A partilha, no seu todo, permaneceu.

28.3. Casos especiais de anulação

Normas posteriores, contudo, trouxeram mais clareza e segurança sobre a questão. O Código de Processo Civil trouxe mais luz, sem entretanto, deixar totalmente claro o assunto. Vimos que há dois tipos de partilha: a amigável e a judicial. A partilha amigável é aquela que os próprios herdeiros elaboram e pedem a homologação judicial. Para esse tipo de partilha, o Código de Processo Civil, no art. 1.029, adotou o critério da anulabilidade. Na verdade, segue a regra do art. 166 mas ficou agora especificamente esclarecido esse critério. É o que diz o art. 1.029 do Código de Processo Civil:

> "A partilha amigável, lavrada em instrumento público, reduzida a termo nos autos do inventário ou constante de escrito particular homologado pelo juiz, pode ser anulada, por dolo, coação, erro essencial ou intervenção de incapaz.

O direito de propor ação anulatória de partilha amigável prescreve em um ano, contado esse prazo:

I – no caso de coação, do dia em que ela cessou;

II – no de erro, ou dolo, do dia em que se realizou o ato;

III – quanto ao incapaz, do dia em que cessar a incapacidade.

Esse artigo conjuga-se com os art. 166 e seguintes, sobre a anulabilidade, deixando agora a situação plenamente definida. Entretanto, essas normas aplicam-se apenas à partilha amigável, deixando de lado a partilha judicial.

Por sua vez, o art. 1.030 cuidou da partilha judicial, mas deixando brechas para muitas discussões. Não fala em nulidade nem anulabilidade, mas em rescisão e essa rescisão fica em dúvida se é aplicável à nulidade, ou à anulabilidade ou a ambas.

Diz o art. 1.030 que é rescindível a partilha julgada por sentença nos casos mencionados no art. 1.029; se feita com preterição de formalidades legais; se preteriu herdeiro ou incluiu quem não o seja. Não utiliza a lei as expressões tradicionalmente utilizadas, esclarecendo se a partilha será anulada ou declarada nula. Diz que será "rescindida". O termo "rescisão", de "rescindere" = anular, destruir, tem o sentido de declarar nulo, de fulminar com a pecha de nulidade absoluta um ato jurídico. Porém, não é com esse sentido que utiliza essa expressão sem deixar claro se está se referindo à nulidade absoluta ou relativa.

Nossa opinião pessoal é a de que há dois sentidos no art. 1.030 do Código de Processo Civil. Ao dizer que é rescindível a partilha judicial por dolo, coação, erro essencial ou intervenção de incapaz, refere-se à anulabilidade, por serem causas previstas no art. 166.

Ao dizer que a partilha judicial é rescindível, se feita com preterição de formalidades legais, ou se preteriu herdeiro ou incluiu quem não o seja, considera a nulidade absoluta, pois as causas da anulação revestem-se de alta gravidade.

APÊNDICE
CÓDIGO CIVIL

Do Direito das Sucessões

TÍTULO I
Da Sucessão em Geral

CAPÍTULO I
Disposições Gerais

Art. 1.784. Aberta a sucessão, a herança transmite-se, desde logo, aos herdeiros legítimos e testamentários.

Art. 1.785. A sucessão abre-se no lugar do último domicílio do falecido.

Art. 1.786. A sucessão dá-se por lei ou por disposição de última vontade.

Art. 1.787. Regula a sucessão e a legitimação para suceder a lei vigente ao tempo da abertura daquela.

Art. 1.788. Morrendo a pessoa sem testamento, transmite a herança aos herdeiros legítimos; o mesmo ocorrerá quanto aos bens que não forem compreendidos no testamento; e subsiste a sucessão legítima se o testamento caducar, ou for julgado nulo.

Art. 1.789. Havendo herdeiros necessários, o testador só poderá dispor da metade da herança.

Art. 1.790. A companheira ou o companheiro participará da sucessão do outro, quanto aos bens adquiridos onerosamente na vigência da união estável, nas condições seguintes:

I - se concorrer com filhos comuns, terá direito a uma quota equivalente à que por lei for atribuída ao filho;

II - se concorrer com descendentes só do autor da herança, tocar-lhe-á a metade do que couber a cada um daqueles;

III - se concorrer com outros parentes sucessíveis, terá direito a um terço da herança;

IV - não havendo parentes sucessíveis, terá direito à totalidade da herança.

CAPÍTULO II
Da Herança e de sua Administração

Art. 1.791. A herança defere-se como um todo unitário, ainda que vários sejam os herdeiros.

Parágrafo único. Até a partilha, o direito dos co-herdeiros, quanto à propriedade e posse da herança, será indivisível, e regular-se-á pelas normas relativas ao condomínio.

Art. 1.792. O herdeiro não responde por encargos superiores às forças da herança; incumbe-lhe, porém, a prova do excesso, salvo se houver inventário que a escuse, demonstrando o valor dos bens herdados.

Art. 1.793. O direito à sucessão aberta, bem como o quinhão de que disponha o co-herdeiro, pode ser objeto de cessão por escritura pública.

§ 1.º Os direitos, conferidos ao herdeiro em conseqüência de substituição ou de direito de acrescer, presumem-se não abrangidos pela cessão feita anteriormente.

§ 2.º É ineficaz a cessão, pelo co-herdeiro, de seu direito hereditário sobre qualquer bem da herança considerado singularmente.

§ 3.º Ineficaz é a disposição, sem prévia autorização do juiz da sucessão, por qualquer herdeiro, de bem componente do acervo hereditário, pendente a indivisibilidade.

Art. 1.794. O co-herdeiro não poderá ceder a sua quota hereditária a pessoa estranha à sucessão, se outro co-herdeiro a quiser, tanto por tanto.

Art. 1.795. O co-herdeiro, a quem não se der conhecimento da cessão, poderá, depositado o preço, haver para si a quota cedida a estranho, se o requerer até cento e oitenta dias após a transmissão.

Parágrafo único. Sendo vários os co-herdeiros a exercer a preferência, entre eles se distribuirá o quinhão cedido, na proporção das respectivas quotas hereditárias.

Art. 1.796. No prazo de trinta dias, a contar da abertura da sucessão, instaurar-se-á inventário do patrimônio hereditário, perante o juízo competente no lugar da sucessão, para fins de liquidação e, quando for o caso, de partilha da herança.

Art. 1.797. Até o compromisso do inventariante, a administração da herança caberá, sucessivamente:

I - ao cônjuge ou companheiro, se com o outro convivia ao tempo da abertura da sucessão;

II - ao herdeiro que estiver na posse e administração dos bens, e, se houver mais de um nessas condições, ao mais velho;

III - ao testamenteiro;

IV - a pessoa de confiança do juiz, na falta ou escusa das indicadas nos incisos antecedentes, ou quando tiverem de ser afastadas por motivo grave levado ao conhecimento do juiz.

CAPÍTULO III
Da Vocação Hereditária

Art. 1.798. Legitimam-se a suceder as pessoas nascidas ou já concebidas no momento da abertura da sucessão.

Art. 1.799. Na sucessão testamentária podem ainda ser chamados a suceder:

I - os filhos, ainda não concebidos, de pessoas indicadas pelo testador, desde que vivas estas ao abrir-se a sucessão;

II - as pessoas jurídicas;

III - as pessoas jurídicas, cuja organização for determinada pelo testador sob a forma de fundação.

Art. 1.800. No caso do inciso I do artigo antecedente, os bens da herança serão confiados, após a liquidação ou partilha, a curador nomeado pelo juiz.

§ 1.º Salvo disposição testamentária em contrário, a curatela caberá à pessoa cujo filho o testador esperava ter por herdeiro, e, sucessivamente, às pessoas indicadas no art. 1.775.

§ 2.º Os poderes, deveres e responsabilidades do curador, assim nomeado, regem-se pelas disposições concernentes à curatela dos incapazes, no que couber.

§ 3.º Nascendo com vida o herdeiro esperado, ser-lhe-á deferida a sucessão, com os frutos e rendimentos relativos à deixa, a partir da morte do testador.

§ 4.º Se, decorridos dois anos após a abertura da sucessão, não for concebido o herdeiro esperado, os bens reservados, salvo disposição em contrário do testador, caberão aos herdeiros legítimos.

Art. 1.801. Não podem ser nomeados herdeiros nem legatários:

I - a pessoa que, a rogo, escreveu o testamento, nem o seu cônjuge ou companheiro, ou os seus ascendentes e irmãos;

II - as testemunhas do testamento;

III - o concubino do testador casado, salvo se este, sem culpa sua, estiver separado de fato do cônjuge há mais de cinco anos;

IV - o tabelião, civil ou militar, ou o comandante ou escrivão, perante quem se fizer, assim como o que fizer ou aprovar o testamento.

Art. 1.802. São nulas as disposições testamentárias em favor de pessoas não legitimadas a suceder, ainda quando simuladas sob a forma de contrato oneroso, ou feitas mediante interposta pessoa.

Parágrafo único. Presumem-se pessoas interpostas os ascendentes, os descendentes, os irmãos e o cônjuge ou companheiro do não legitimado a suceder.

Art. 1.803. É lícita a deixa ao filho do concubino, quando também o for do testador.

CAPÍTULO IV
Da Aceitação e Renúncia da Herança

Art. 1.804. Aceita a herança, torna-se definitiva a sua transmissão ao herdeiro, desde a abertura da sucessão.

Parágrafo único. A transmissão tem-se por não verificada quando o herdeiro renuncia à herança.

Art. 1.805. A aceitação da herança, quando expressa, faz-se por declaração escrita; quando tácita, há de resultar tão-somente de atos próprios da qualidade de herdeiro.

§ 1.º Não exprimem aceitação de herança os atos oficiosos, como o funeral do finado, os meramente conservatórios, ou os de administração e guarda provisória.

§ 2.º Não importa igualmente aceitação a cessão gratuita, pura e simples, da herança, aos demais co-herdeiros.

Art. 1.806. A renúncia da herança deve constar expressamente de instrumento público ou termo judicial.

Art. 1.807. O interessado em que o herdeiro declare se aceita, ou não, a herança, poderá, vinte dias após aberta a sucessão, requerer ao juiz prazo razoável, não maior de trinta dias, para, nele, se pronunciar o herdeiro, sob pena de se haver a herança por aceita.

Art. 1.808. Não se pode aceitar ou renunciar a herança em parte, sob condição ou a termo.

§ 1.º O herdeiro, a quem se testarem legados, pode aceitá-los, renunciando a herança; ou, aceitando-a, repudiá-los.

§ 2.º O herdeiro, chamado, na mesma sucessão, a mais de um quinhão hereditário, sob títulos sucessórios diversos, pode livremente deliberar quanto aos quinhões que aceita e aos que renuncia.

Art. 1.809. Falecendo o herdeiro antes de declarar se aceita a herança, o poder de aceitar passa-lhe aos herdeiros, a menos que se trate de vocação adstrita a uma condição suspensiva, ainda não verificada.

Parágrafo único. Os chamados à sucessão do herdeiro falecido antes da aceitação, desde que concordem em receber a segunda herança, poderão aceitar ou renunciar a primeira.

Art. 1.810. Na sucessão legítima, a parte do renunciante acresce à dos outros herdeiros da mesma classe e, sendo ele o único desta, devolve-se aos da subseqüente.

Art. 1.811. Ninguém pode suceder, representando herdeiro renunciante. Se, porém, ele for o único legítimo da sua classe, ou se todos os outros da mesma classe renunciarem a herança, poderão os filhos vir à sucessão, por direito próprio, e por cabeça.

Art. 1.812. São irrevogáveis os atos de aceitação ou de renúncia da herança.

Art. 1.813. Quando o herdeiro prejudicar os seus credores, renunciando à herança, poderão eles, com autorização do juiz, aceitá-la em nome do renunciante.

§ 1.º A habilitação dos credores se fará no prazo de trinta dias seguintes ao conhecimento do fato.

§ 2.º Pagas as dívidas do renunciante, prevalece a renúncia quanto ao remanescente, que será devolvido aos demais herdeiros.

CAPÍTULO V
Dos Excluídos da Sucessão

Art. 1.814. São excluídos da sucessão os herdeiros ou legatários:

I - que houverem sido autores, co-autores ou partícipes de homicídio doloso, ou tentativa deste, contra a pessoa de cuja sucessão se tratar, seu cônjuge, companheiro, ascendente ou descendente;

II - que houverem acusado caluniosamente em juízo o autor da herança ou incorrerem em crime contra a sua honra, ou de seu cônjuge ou companheiro;

III - que, por violência ou meios fraudulentos, inibirem ou obstarem o autor da herança de dispor livremente de seus bens por ato de última vontade.

Art. 1.815. A exclusão do herdeiro ou legatário, em qualquer desses casos de indignidade, será declarada por sentença.

Parágrafo único. O direito de demandar a exclusão do herdeiro ou legatário extingue-se em quatro anos, contados da abertura da sucessão.

Art. 1.816. São pessoais os efeitos da exclusão; os descendentes do herdeiro excluído sucedem, como se ele morto fosse antes da abertura da sucessão.

Parágrafo único. O excluído da sucessão não terá direito ao usufruto ou à administração dos bens que a seus sucessores couberem na herança, nem à sucessão eventual desses bens.

Art. 1.817. São válidas as alienações onerosas de bens hereditários a terceiros de boa-fé, e os atos de administração legalmente praticados pelo herdeiro, antes da sentença de exclusão; mas aos herdeiros subsiste, quando prejudicados, o direito de demandar-lhe perdas e danos.

Parágrafo único. O excluído da sucessão é obrigado a restituir os frutos e rendimentos que dos bens da herança houver percebido, mas tem direito a ser indenizado das despesas com a conservação deles.

Art. 1.818. Aquele que incorreu em atos que determinem a exclusão da herança será admitido a suceder, se o ofendido o tiver expressamente reabilitado em testamento, ou em outro ato autêntico.

Parágrafo único. Não havendo reabilitação expressa, o indigno, contemplado em testamento do ofendido, quando o testador, ao testar, já conhecia a causa da indignidade, pode suceder no limite da disposição testamentária.

CAPÍTULO VI
Da Herança Jacente

Art. 1.819. Falecendo alguém sem deixar testamento nem herdeiro legítimo notoriamente conhecido, os bens da herança, depois de arrecadados, ficarão sob a guarda e administração de um curador, até a sua entrega ao sucessor devidamente habilitado ou à declaração de sua vacância.

Art. 1.820. Praticadas as diligências de arrecadação e ultimado o inventário, serão expedidos editais na forma da lei processual, e, decorrido um ano de sua primeira publicação, sem que haja herdeiro habilitado, ou penda habilitação, será a herança declarada vacante.

Art. 1.821. É assegurado aos credores o direito de pedir o pagamento das dívidas reconhecidas, nos limites das forças da herança.

Art. 1.822. A declaração de vacância da herança não prejudicará os herdeiros que legalmente se habilitarem; mas, decorridos cinco anos da abertura da sucessão, os bens arrecadados passarão ao domínio do Município ou do Distrito Federal, se localizados nas respectivas circunscrições, incorporando-se ao domínio da União quando situados em território federal.

Parágrafo único. Não se habilitando até a declaração de vacância, os colaterais ficarão excluídos da sucessão.

Art. 1.823. Quando todos os chamados a suceder renunciarem à herança, será esta desde logo declarada vacante.

CAPÍTULO VII
Da Petição de Herança

Art. 1.824. O herdeiro pode, em ação de petição de herança, demandar o reconhecimento de seu direito sucessório, para obter a restituição da herança, ou de parte dela, contra quem, na qualidade de herdeiro, ou mesmo sem título, a possua.

Art. 1.825. A ação de petição de herança, ainda que exercida por um só dos herdeiros, poderá compreender todos os bens hereditários.

Art. 1.826. O possuidor da herança está obrigado à restituição dos bens do acervo, fixando-se-lhe a responsabilidade segundo a sua posse, observado o disposto nos arts. 1.214 a 1.222.

Parágrafo único. A partir da citação, a responsabilidade do possuidor se há de aferir pelas regras concernentes à posse de má-fé e à mora.

Art. 1.827. O herdeiro pode demandar os bens da herança, mesmo em poder de terceiros, sem prejuízo da responsabilidade do possuidor originário pelo valor dos bens alienados.

Parágrafo único. São eficazes as alienações feitas, a título oneroso, pelo herdeiro aparente a terceiro de boa-fé.

Art. 1.828. O herdeiro aparente, que de boa-fé houver pago um legado, não está obrigado a prestar o equivalente ao verdadeiro sucessor, ressalvado a este o direito de proceder contra quem o recebeu.

TÍTULO II
Da Sucessão Legítima

CAPÍTULO I
Da Ordem da Vocação Hereditária

Art. 1.829. A sucessão legítima defere-se na ordem seguinte:

I - aos descendentes, em concorrência com o cônjuge sobrevivente, salvo se casado este com o falecido no regime da comunhão universal, ou no da separação obrigatória de bens (art. 1.640, parágrafo único); ou se, no regime da comunhão parcial, o autor da herança não houver deixado bens particulares;

II - aos ascendentes, em concorrência com o cônjuge;

III - ao cônjuge sobrevivente;

IV - aos colaterais.

Art. 1.830. Somente é reconhecido direito sucessório ao cônjuge sobrevivente se, ao tempo da morte do outro, não estavam separados judicialmente, nem separados de fato há mais de dois anos, salvo prova, neste caso, de que essa convivência se tornara impossível sem culpa do sobrevivente.

Art. 1.831. Ao cônjuge sobrevivente, qualquer que seja o regime de bens, será assegurado, sem prejuízo da participação que lhe caiba na herança, o direito real de habitação relativamente ao imóvel destinado à residência da família, desde que seja o único daquela natureza a inventariar.

Art. 1.832. Em concorrência com os descendentes (art. 1.829, inciso I) caberá ao cônjuge quinhão igual ao dos que sucederem por cabeça, não podendo a sua quota ser inferior à quarta parte da herança, se for ascendente dos herdeiros com que concorrer.

Art. 1.833. Entre os descendentes, os em grau mais próximo excluem os mais remotos, salvo o direito de representação.

Art. 1.834. Os descendentes da mesma classe têm os mesmos direitos à sucessão de seus ascendentes.

Art. 1.835. Na linha descendente, os filhos sucedem por cabeça, e os outros descendentes, por cabeça ou por estirpe, conforme se achem ou não no mesmo grau.

Art. 1.836. Na falta de descendentes, são chamados à sucessão os ascendentes, em concorrência com o cônjuge sobrevivente.

§ 1.º Na classe dos ascendentes, o grau mais próximo exclui o mais remoto, sem distinção de linhas.

§ 2.º Havendo igualdade em grau e diversidade em linha, os ascendentes da linha paterna herdam a metade, cabendo a outra aos da linha materna.

Art. 1.837. Concorrendo com ascendente em primeiro grau, ao cônjuge tocará um terço da herança; caber-lhe-á a metade desta se houver um só ascendente, ou se maior for aquele grau.

Art. 1.838. Em falta de descendentes e ascendentes, será deferida a sucessão por inteiro ao cônjuge sobrevivente.

Art. 1.839. Se não houver cônjuge sobrevivente, nas condições estabelecidas no art. 1.830, serão chamados a suceder os colaterais até o quarto grau.

Art. 1.840. Na classe dos colaterais, os mais próximos excluem os mais remotos, salvo o direito de representação concedido aos filhos de irmãos.

Art. 1.841. Concorrendo à herança do falecido irmãos bilaterais com irmãos unilaterais, cada um destes herdará metade do que cada um daqueles herdar.

Art. 1.842. Não concorrendo à herança irmão bilateral, herdarão, em partes iguais, os unilaterais.

Art. 1.843. Na falta de irmãos, herdarão os filhos destes e, não os havendo, os tios.

§ 1.º Se concorrerem à herança somente filhos de irmãos falecidos, herdarão por cabeça.

§ 2.º Se concorrem filhos de irmãos bilaterais com filhos de irmãos unilaterais, cada um destes herdará a metade do que herdar cada um daqueles.

§ 3.º Se todos forem filhos de irmãos bilaterais, ou todos de irmãos unilaterais, herdarão por igual.

Art. 1.844. Não sobrevivendo cônjuge, ou companheiro, nem parente algum sucessível, ou tendo eles renunciado a herança, esta se devolve ao Município ou ao Distrito Federal, se localizada nas respectivas circunscrições, ou à União, quando situada em território federal.

CAPÍTULO II
Dos Herdeiros Necessários

Art. 1.845. São herdeiros necessários os descendentes, os ascendentes e o cônjuge.

Art. 1846. Pertence aos herdeiros necessários, de pleno direito, a metade dos bens da herança, constituindo a legítima.

Art. 1.847. Calcula-se a legítima sobre o valor dos bens existentes na abertura da sucessão, abatidas as dívidas e as despesas do funeral, adicionando-se, em seguida, o valor dos bens sujeitos a colação.

Art. 1.848. Salvo se houver justa causa, declarada no testamento, não pode o testador estabelecer cláusula de inalienabilidade, impenhorabilidade, e de incomunicabilidade, sobre os bens da legítima.

§ 1.º Não é permitido ao testador estabelecer a conversão dos bens da legítima em outros de espécie diversa.

§ 2.º Mediante autorização judicial e havendo justa causa, podem ser alienados os bens gravados, convertendo-se o produto em outros bens, que ficarão sub-rogados nos ônus dos primeiros.

Art. 1.849. O herdeiro necessário, a quem o testador deixar a sua parte disponível, ou algum legado, não perderá o direito à legítima.

Art. 1.850. Para excluir da sucessão os herdeiros colaterais, basta que o testador disponha de seu patrimônio sem os contemplar.

CAPÍTULO III
Do Direito de Representação

Art. 1.851. Dá-se o direito de representação, quando a lei chama certos parentes do falecido a suceder em todos os direitos, em que ele sucederia, se vivo fosse.

Art. 1.852. O direito de representação dá-se na linha reta descendente, mas nunca na ascendente.

Art. 1.853. Na linha transversal, somente se dá o direito de representação em favor dos filhos de irmãos do falecido, quando com irmãos deste concorrerem.

Art. 1.854. Os representantes só podem herdar, como tais, o que herdaria o representado, se vivo fosse.

Art. 1.855. O quinhão do representado partir-se-á por igual entre os representantes.

Art. 1.856. O renunciante à herança de uma pessoa poderá representá-la na sucessão de outra.

TÍTULO III
Da Sucessão Testamentária

CAPÍTULO I
Do Testamento em Geral

Art. 1.857. Toda pessoa capaz pode dispor, por testamento, da totalidade dos seus bens, ou de parte deles, para depois de sua morte.

§ 1.º A legítima dos herdeiros necessários não poderá ser incluída no testamento.

§ 2.º São válidas as disposições testamentárias de caráter não patrimonial, ainda que o testador somente a elas se tenha limitado.

Art. 1.858. O testamento é ato personalíssimo, podendo ser mudado a qualquer tempo.

Art. 1.859. Extingue-se em cinco anos o direito de impugnar a validade do testamento, contado o prazo da data do seu registro.

CAPÍTULO II
Da Capacidade de Testar

Art. 1.860. Além dos incapazes, não podem testar os que, no ato de fazê-lo, não tiverem pleno discernimento.

Parágrafo único. Podem testar os maiores de dezesseis anos.

Art. 1.861. A incapacidade superveniente do testador não invalida o testamento, nem o testamento do incapaz se valida com a superveniência da capacidade.

CAPÍTULO III
Das Formas Ordinárias do Testamento

Seção I
Disposições Gerais

Art. 1.862. São testamentos ordinários:
I - o público;
II - o cerrado;
III - o particular.

Art. 1.863. É proibido o testamento conjuntivo, seja simultâneo, recíproco ou correspectivo.

Seção II
Do Testamento Público

Art. 1.864. São requisitos essenciais do testamento público:
I - ser escrito por tabelião ou por seu substituto legal em seu livro de notas, de acordo com as declarações do testador, podendo este servir-se de minuta, notas ou apontamentos;

II - lavrado o instrumento, ser lido em voz alta pelo tabelião ao testador e a duas testemunhas, a um só tempo; ou pelo testador, se o quiser, na presença destas e do oficial;

III - ser o instrumento, em seguida à leitura, assinado pelo testador, pelas testemunhas e pelo tabelião.

Parágrafo único. O testamento público pode ser escrito manualmente ou mecanicamente, bem como ser feito pela inserção da declaração de vontade em partes impressas de livro de notas, desde que rubricadas todas as páginas pelo testador, se mais de uma.

Art. 1.865. Se o testador não souber, ou não puder assinar, o tabelião ou seu substituto legal assim o declarará, assinando, neste caso, pelo testador, e, a seu rogo, uma das testemunhas instrumentárias.

Art. 1.866. O indivíduo inteiramente surdo, sabendo ler, lerá o seu testamento, e, se não o souber, designará quem o leia em seu lugar, presentes as testemunhas.

Art. 1.867. Ao cego só se permite o testamento público, que lhe será lido, em voz alta, duas vezes, uma pelo tabelião ou por seu substituto legal, e a outra por uma das testemunhas, designada pelo testador, fazendo-se de tudo circunstanciada menção no testamento.

Seção III
Do Testamento Cerrado

Art. 1.868. O testamento escrito pelo testador, ou por outra pessoa, a seu rogo, e por aquele assinado, será válido se aprovado pelo tabelião ou seu substituto legal, observadas as seguintes formalidades:

I - que o testador o entregue ao tabelião em presença de duas testemunhas;

II - que o testador declare que aquele é o seu testamento e quer que seja aprovado;

III - que o tabelião lavre, desde logo, o auto de aprovação, na presença de duas testemunhas, e o leia, em seguida, ao testador e testemunhas;

IV - que o auto de aprovação seja assinado pelo tabelião, pelas testemunhas e pelo testador.

Parágrafo único. O testamento cerrado pode ser escrito mecanicamente, desde que seu subscritor numere e autentique, com a sua assinatura, todas as páginas.

Art. 1.869. O tabelião deve começar o auto de aprovação imediatamente depois da última palavra do testador, declarando, sob sua fé, que o testador lhe entregou para ser aprovado na presença das testemunhas; passando a cerrar e coser o instrumento aprovado.

Parágrafo único. Se não houver espaço na última folha do testamento, para início da aprovação, o tabelião aporá nele o seu sinal público, mencionando a circunstância no auto.

Art. 1.870. Se o tabelião tiver escrito o testamento a rogo do testador, poderá, não obstante, aprová-lo.

Art. 1.871. O testamento pode ser escrito em língua nacional ou estrangeira, pelo próprio testador, ou por outrem, a seu rogo.

Art. 1.872. Não pode dispor de seus bens em testamento cerrado quem não saiba ou não possa ler.

Art. 1.873. Pode fazer testamento cerrado o surdo-mudo, contanto que o escreva todo, e o assine de sua mão, e que, ao entregá-lo ao oficial público, ante as duas testemunhas, escreva, na face externa do papel ou do envoltório, que aquele é o seu testamento, cuja aprovação lhe pede.

Art. 1.874. Depois de aprovado e cerrado, será o testamento entregue ao testador, e o tabelião lançará, no seu livro, nota do lugar, dia, mês e ano em que o testamento foi aprovado e entregue.

Art. 1.875. Falecido o testador, o testamento será apresentado ao juiz, que o abrirá e o fará registrar, ordenando seja cumprido, se não achar vício externo que o torne eivado de nulidade ou suspeito de falsidade.

Seção IV
Do Testamento Particular

Art. 1.876. O testamento particular pode ser escrito de próprio punho ou mediante processo mecânico.

§ 1.º Se escrito de próprio punho, são requisitos essenciais à sua validade seja lido e assinado por quem o escreveu, na presença de pelo menos três testemunhas, que o devem subscrever.

§ 2.º Se elaborado por processo mecânico, não pode conter rasuras ou espaços em branco, devendo ser assinado pelo testador, depois de o ter lido na presença de pelo menos três testemunhas, que o subscreverão.

Art. 1.877. Morto o testador, publicar-se-á em juízo o testamento, com citação dos herdeiros legítimos.

Art. 1.878. Se as testemunhas forem contestes sobre o fato da disposição, ou, ao menos, sobre a sua leitura perante elas, e se reconhecerem as próprias assinaturas, assim como a do testador, o testamento será confirmado.

Parágrafo único. Se faltarem testemunhas, por morte ou ausência, e se pelo menos uma delas o reconhecer, o testamento poderá ser confirmado, se, a critério do juiz, houver prova suficiente de sua veracidade.

Art. 1.879. Em circunstâncias excepcionais declaradas na cédula, o testamento particular de próprio punho e assinado pelo testador, sem testemunhas, poderá ser confirmado, a critério do juiz.

Art. 1.880. O testamento particular pode ser escrito em língua estrangeira, contanto que as testemunhas a compreendam.

CAPÍTULO IV
Dos Codicilos

Art. 1.881. Toda pessoa capaz de testar poderá, mediante escrito particular seu, datado e assinado, fazer disposições especiais sobre o seu enterro, sobre esmolas de pouca monta a certas e determinadas pessoas, ou, indeterminadamente, aos pobres de certo lugar, assim como legar móveis, roupas ou jóias, de pouco valor, de seu uso pessoal.

Art. 1.882. Os atos a que se refere o artigo antecedente, salvo direito de terceiro, valerão como codicilos, deixe ou não testamento o autor.

Art. 1.883. Pelo modo estabelecido no art. 1.881, poder-se-ão nomear ou substituir testamenteiros.

Art. 1.884. Os atos previstos nos artigos antecedentes revogam-se por atos iguais, e consideram-se revogados, se, havendo testamento posterior, de qualquer natureza, este os não confirmar ou modificar.

Art. 1.885. Se estiver fechado o codicilo, abrir-se-á do mesmo modo que o testamento cerrado.

CAPÍTULO V
Dos Testamentos Especiais

Seção I
Disposições Gerais

Art. 1.886. São testamentos especiais:
I - o marítimo;

II - o aeronáutico;
III - o militar.

Art. 1.887. Não se admitem outros testamentos especiais além dos contemplados neste Código.

Seção II
Do Testamento Marítimo e do Testamento Aeronáutico

Art. 1.888. Quem estiver em viagem, a bordo de navio nacional, de guerra ou mercante, pode testar perante o comandante, em presença de duas testemunhas, por forma que corresponda ao testamento público ou ao cerrado.

Parágrafo único. O registro do testamento será feito no diário de bordo.

Art. 1.889. Quem estiver em viagem, a bordo de aeronave militar ou comercial, pode testar perante pessoa designada pelo comandante, observado o disposto no artigo antecedente.

Art. 1.890. O testamento marítimo ou aeronáutico ficará sob a guarda do comandante, que o entregará às autoridades administrativas do primeiro porto ou aeroporto nacional, contra recibo averbado no diário de bordo.

Art. 1.891. Caducará o testamento marítimo, ou aeronáutico, se o testador não morrer na viagem, nem nos noventa dias subseqüentes ao seu desembarque em terra, onde possa fazer, na forma ordinária, outro testamento.

Art. 1.892. Não valerá o testamento marítimo, ainda que feito no curso de uma viagem, se, ao tempo em que se fez, o navio estava em porto onde o testador pudesse desembarcar e testar na forma ordinária.

Seção III
Do Testamento Militar

Art. 1.893. O testamento dos militares e demais pessoas a serviço das Forças Armadas em campanha, dentro do País ou fora dele, assim como em praça sitiada, ou que esteja de comunicações interrompidas, poderá fazer-se, não havendo tabelião ou seu substituto legal, ante duas, ou três testemunhas, se o testador não puder, ou não souber assinar, caso em que assinará por ele uma delas.

§ 1.º Se o testador pertencer a corpo ou seção de corpo destacado, o testamento será escrito pelo respectivo comandante, ainda que de graduação ou posto inferior.

§ 2.º Se o testador estiver em tratamento em hospital, o testamento será escrito pelo respectivo oficial de saúde, ou pelo diretor do estabelecimento.

§ 3.º Se o testador for o oficial mais graduado, o testamento será escrito por aquele que o substituir.

Art. 1.894. Se o testador souber escrever, poderá fazer o testamento de seu punho, contanto que o date e assine por extenso, e o apresente aberto ou cerrado, na presença de duas testemunhas ao auditor, ou ao oficial de patente, que lhe faça as vezes neste mister.

Parágrafo único. O auditor, ou o oficial a quem o testamento se apresente notará, em qualquer parte dele, lugar, dia, mês e ano, em que lhe for apresentado, nota esta que será assinada por ele e pelas testemunhas.

Art. 1.895. Caduca o testamento militar, desde que, depois dele, o testador esteja, noventa dias seguidos, em lugar onde possa testar na forma ordinária, salvo se esse testamento apresentar as solenidades prescritas no parágrafo único do artigo antecedente.

Art. 1.896. As pessoas designadas no art. 1.893, estando empenhadas em combate, ou feridas, podem testar oralmente, confiando a sua última vontade a duas testemunhas.

Parágrafo único. Não terá efeito o testamento se o testador não morrer na guerra ou convalescer do ferimento.

CAPÍTULO VI
Das Disposições Testamentárias

Art. 1.897. A nomeação de herdeiro, ou legatário, pode fazer-se pura e simplesmente, sob condição, para certo fim ou modo, ou por certo motivo.

Art. 1.898. A designação do tempo em que deva começar ou cessar o direito do herdeiro, salvo nas disposições fideicomissárias, ter-se-á por não escrita.

Art. 1.899. Quando a cláusula testamentária for suscetível de interpretações diferentes, prevalecerá a que melhor assegure a observância da vontade do testador.

Art. 1.900. É nula a disposição:

I - que institua herdeiro ou legatário sob a condição captatória de que este disponha, também por testamento, em benefício do testador, ou de terceiro;

II - que se refira a pessoa incerta, cuja identidade não se possa averiguar;

III - que favoreça a pessoa incerta, cometendo a determinação de sua identidade a terceiro;

IV - que deixe a arbítrio do herdeiro, ou de outrem, fixar o valor do legado;

V - que favoreça as pessoas a que se referem os arts. 1.801 e 1.802.

Art. 1.901. Valerá a disposição:

I - em favor de pessoa incerta que deva ser determinada por terceiro, dentre duas ou mais pessoas mencionadas pelo testador, ou pertencentes a uma família, ou a um corpo coletivo, ou a um estabelecimento por ele designado;

II - em remuneração de serviços prestados ao testador, por ocasião da moléstia de que faleceu, ainda que fique ao arbítrio do herdeiro ou de outrem determinar o valor do legado.

Art. 1.902. A disposição geral em favor dos pobres, dos estabelecimentos particulares de caridade, ou dos de assistência pública, entender-se-á relativa aos pobres do lugar do domicílio do testador ao tempo de sua morte, ou dos estabelecimentos aí sitos, salvo se manifestamente constar que tinha em mente beneficiar os de outra localidade.

Parágrafo único. Nos casos deste artigo, as instituições particulares preferirão sempre às públicas.

Art. 1.903. O erro na designação da pessoa do herdeiro, do legatário, ou da coisa legada anula a disposição, salvo se, pelo contexto do testamento, por outros documentos, ou por fatos inequívocos, se puder identificar a pessoa ou coisa a que o testador queria referir-se.

Art. 1.904. Se o testamento nomear dois ou mais herdeiros, sem discriminar a parte de cada um, partilhar-se-á por igual, entre todos, a porção disponível do testador.

Art. 1.905. Se o testador nomear certos herdeiros individualmente e outros coletivamente, a herança será dividida em tantas quotas quantos forem os indivíduos e os grupos designados.

Art. 1.906. Se forem determinadas as quotas de cada herdeiro, e não absorverem toda a herança, o remanescente pertencerá aos herdeiros legítimos, segundo a ordem da vocação hereditária.

Art. 1.907. Se forem determinados os quinhões de uns e não os de outros herdeiros, distribuir-se-á por igual a estes últimos o que restar, depois de completas as porções hereditárias dos primeiros.

Art. 1.908. Dispondo o testador que não caiba ao herdeiro instituído certo e determinado objeto, dentre os da herança, tocará ele aos herdeiros legítimos.

Art. 1.909. São anuláveis as disposições testamentárias inquinadas de erro, dolo ou coação.

Parágrafo único. Extingue-se em quatro anos o direito de anular a disposição, contados de quando o interessado tiver conhecimento do vício.

Art. 1.910. A ineficácia de uma disposição testamentária importa a das outras que, sem aquela, não teriam sido determinadas pelo testador.

Art. 1.911. A cláusula de inalienabilidade, imposta aos bens por ato de liberalidade, implica impenhorabilidade e incomunicabilidade.

Parágrafo único. No caso de desapropriação de bens clausulados, ou de sua alienação, por conveniência econômica do donatário ou do herdeiro, mediante autorização judicial, o produto da venda converter-se-á em outros bens, sobre os quais incidirão as restrições apostas aos primeiros.

CAPÍTULO VII
Dos Legados

Seção I
Disposições Gerais

Art. 1.912. É ineficaz o legado de coisa certa que não pertença ao testador no momento da abertura da sucessão.

Art. 1.913. Se o testador ordenar que o herdeiro ou legatário entregue coisa de sua propriedade a outrem, não o cumprindo ele, entender-se-á que renunciou à herança ou ao legado.

Art. 1.914. Se tão-somente em parte a coisa legada pertencer ao testador, ou, no caso do artigo antecedente, ao herdeiro ou ao legatário, só quanto a essa parte valerá o legado.

Art. 1.915. Se o legado for de coisa que se determine pelo gênero, será o mesmo cumprido, ainda que tal coisa não exista entre os bens deixados pelo testador.

Art. 1.916. Se o testador legar coisa sua, singularizando-a, só terá eficácia o legado se, ao tempo do seu falecimento, ela se achava entre os bens da herança; se a coisa legada existir entre os bens do testador, mas em quantidade inferior à do legado, este será eficaz apenas quanto à existente.

Art. 1.917. O legado de coisa que deva encontrar-se em determinado lugar só terá eficácia se nele for achada, salvo se removida a título transitório.

Art. 1.918. O legado de crédito, ou de quitação de dívida, terá eficácia somente até a importância desta, ou daquele, ao tempo da morte do testador.

§ 1.º Cumpre-se o legado, entregando o herdeiro ao legatário o título respectivo.

§ 2.º Este legado não compreende as dívidas posteriores à data do testamento.

Art. 1.919. Não o declarando expressamente o testador, não se reputará compensação da sua dívida o legado que ele faça ao credor.

Parágrafo único. Subsistirá integralmente o legado, se a dívida lhe foi posterior, e o testador a solveu antes de morrer.

Art. 1.920. O legado de alimentos abrange o sustento, a cura, o vestuário e a casa, enquanto o legatário viver, além da educação, se ele for menor.

Art. 1.921. O legado de usufruto, sem fixação de tempo, entende-se deixado ao legatário por toda a sua vida.

Art. 1.922. Se aquele que legar um imóvel lhe ajuntar depois novas aquisições, estas, ainda que contíguas, não se compreendem no legado, salvo expressa declaração em contrário do testador.

Parágrafo único. Não se aplica o disposto neste artigo às benfeitorias necessárias, úteis ou voluptuárias feitas no prédio legado.

Seção II
Dos Efeitos do Legado e do seu Pagamento

Art. 1.923. Desde a abertura da sucessão, pertence ao legatário a coisa certa, existente no acervo, salvo se o legado estiver sob condição suspensiva.

§ 1.º Não se defere de imediato a posse da coisa, nem nela pode o legatário entrar por autoridade própria.

§ 2.º O legado de coisa certa existente na herança transfere também ao legatário os frutos que produzir, desde a morte do testador, exceto se dependente de condição suspensiva, ou de termo inicial.

Art. 1.924. O direito de pedir o legado não se exercerá, enquanto se litigue sobre a validade do testamento, e, nos legados condicionais, ou a prazo, enquanto esteja pendente a condição ou o prazo não se vença.

Art. 1.925. O legado em dinheiro só vence juros desde o dia em que se constituir em mora a pessoa obrigada a prestá-lo.

Art. 1.926. Se o legado consistir em renda vitalícia ou pensão periódica, esta ou aquela correrá da morte do testador.

Art. 1.927. Se o legado for de quantidades certas, em prestações periódicas, datará da morte do testador o primeiro período, e o legatário terá direito a cada prestação, uma vez encetado cada um dos períodos sucessivos, ainda que venha a falecer antes do termo dele.

Art. 1.928. Sendo periódicas as prestações, só no termo de cada período se poderão exigir.

Parágrafo único. Se as prestações forem deixadas a título de alimentos, pagar-se-ão no começo de cada período, sempre que outra coisa não tenha disposto o testador.

Art. 1.929. Se o legado consiste em coisa determinada pelo gênero, ao herdeiro tocará escolhê-la, guardando o meio-termo entre as congêneres da melhor e pior qualidade.

Art. 1.930. O estabelecido no artigo antecedente será observado, quando a escolha for deixada a arbítrio de terceiro; e, se este não a quiser ou não a puder exercer, ao juiz competirá fazê-la, guardado o disposto na última parte do artigo antecedente.

Art. 1.931. Se a opção foi deixada ao legatário, este poderá escolher, do gênero determinado, a melhor coisa que houver na herança; e, se nesta não existir coisa de tal gênero, dar-lhe-á de outra congênere o herdeiro, observada a disposição na última parte do art. 1.929.

Art. 1.932. No legado alternativo, presume-se deixada ao herdeiro a opção.

Art. 1.933. Se o herdeiro ou legatário a quem couber a opção falecer antes de exercê-la, passará este poder aos seus herdeiros.

Art. 1.934. No silêncio do testamento, o cumprimento dos legados incumbe aos herdeiros e, não os havendo, aos legatários, na proporção do que herdaram.

Parágrafo único. O encargo estabelecido neste artigo, não havendo disposição testamentária em contrário, caberá ao herdeiro ou legatário incumbido pelo testador da execução do legado; quando indicados mais de um, os onerados dividirão entre si o ônus, na proporção do que recebam da herança.

Art. 1.935. Se algum legado consistir em coisa pertencente a herdeiro ou legatário (art. 1.913), só a ele incumbirá cumpri-lo, com regresso contra os co-herdeiros, pela quota de cada um, salvo se o contrário expressamente dispôs o testador.

Art. 1.936. As despesas e os riscos da entrega do legado correm à conta do legatário, se não dispuser diversamente o testador.

Art. 1.937. A coisa legada entregar-se-á, com seus acessórios, no lugar e estado em que se achava ao falecer o testador, passando ao legatário com todos os encargos que a onerarem.

Art. 1.938. Nos legados com encargo, aplica-se ao legatário o disposto neste Código quanto às doações de igual natureza.

Seção III
Da Caducidade dos Legados

Art. 1.939. Caducará o legado:

I - se, depois do testamento, o testador modificar a coisa legada, ao ponto de já não ter a forma nem lhe caber a denominação que possuía;

II - se o testador, por qualquer título, alienar no todo ou em parte a coisa legada; nesse caso, caducará até onde ela deixou de pertencer ao testador;

III - se a coisa perecer ou for evicta, vivo ou morto o testador, sem culpa do herdeiro ou legatário incumbido do seu cumprimento;

IV - se o legatário for excluído da sucessão, nos termos do art. 1.815;

V - se o legatário falecer antes do testador.

Art. 1.940. Se o legado for de duas ou mais coisas alternativamente, e algumas delas perecerem, subsistirá quanto às restantes; perecendo parte de uma, valerá, quanto ao seu remanescente, o legado.

CAPÍTULO VIII
Do Direito de Acrescer entre Herdeiros e Legatários

Art. 1.941. Quando vários herdeiros, pela mesma disposição testamentária, forem conjuntamente chamados à herança em quinhões não determinados, e qualquer deles não puder ou não quiser aceitá-la, a sua parte acrescerá à dos co-herdeiros, salvo o direito do substituto.

Art. 1.942. O direito de acrescer competirá aos co-legatários, quando nomeados conjuntamente a respeito de uma só coisa, determinada e certa, ou quando o objeto do legado não puder ser dividido sem risco de desvalorização.

Art. 1.943. Se um dos co-herdeiros ou co-legatários, nas condições do artigo antecedente, morrer antes do testador; se renunciar a herança ou legado, ou destes for excluído, e, se a condição sob a qual foi instituído não se verificar, acrescerá o seu quinhão, salvo o direito do substituto, à parte dos co-herdeiros ou co-legatários conjuntos.

Parágrafo único. Os co-herdeiros ou co-legatários, aos quais acresceu o quinhão daquele que não quis ou não pôde suceder, ficam sujeitos às obrigações ou encargos que o oneravam.

Art. 1.944. Quando não se efetua o direito de acrescer, transmite-se aos herdeiros legítimos a quota vaga do nomeado.

Parágrafo único. Não existindo o direito de acrescer entre os co-legatários, a quota do que faltar acresce ao herdeiro ou ao legatário incumbido de satisfazer esse legado, ou a todos os herdeiros, na proporção dos seus quinhões, se o legado se deduziu da herança.

Art. 1.945. Não pode o beneficiário do acréscimo repudiá-lo separadamente da herança ou legado que lhe caiba, salvo se o acréscimo comportar encargos especiais impostos pelo testador; nesse caso, uma vez repudiado, reverte o acréscimo para a pessoa a favor de quem os encargos foram instituídos.

Art. 1.946. Legado um só usufruto conjuntamente a duas ou mais pessoas, a parte da que faltar acresce aos co-legatários.

Parágrafo único. Se não houver conjunção entre os co-legatários, ou se, apesar de conjuntos, só lhes foi legada certa parte do usufruto, consolidar-se-ão na propriedade as quotas dos que faltarem, à medida que eles forem faltando.

CAPÍTULO IX
Das Substituições

Seção I
Da Substituição Vulgar e da Recíproca

Art. 1.947. O testador pode substituir outra pessoa ao herdeiro ou ao legatário nomeado, para o caso de um ou outro não querer ou não poder aceitar a herança ou o legado, presumindo-se que a substituição foi determinada para as duas alternativas, ainda que o testador só a uma se refira.

Art. 1.948. Também é lícito ao testador substituir muitas pessoas por uma só, ou vice-versa, e ainda substituir com reciprocidade ou sem ela.

Art. 1.949. O substituto fica sujeito à condição ou encargo imposto ao substituído, quando não for diversa a intenção manifestada pelo testador, ou não resultar outra coisa da natureza da condição ou do encargo.

Art. 1.950. Se, entre muitos co-herdeiros ou legatários de partes desiguais, for estabelecida substituição recíproca, a proporção dos quinhões fixada na primeira disposição entender-se-á mantida na segunda; se, com as outras anteriormente nomeadas, for incluída mais alguma pessoa na substituição, o quinhão vago pertencerá em partes iguais aos substitutos.

Seção II
Da Substituição Fideicomissária

Art. 1.951. Pode o testador instituir herdeiros ou legatários, estabelecendo que, por ocasião de sua morte, a herança ou o legado se transmita ao fiduciário, resolvendo-se o direito deste, por sua morte, a certo tempo ou sob certa condição, em favor de outrem, que se qualifica de fideicomissário.

Art. 1.952. A substituição fideicomissária somente se permite em favor dos não concebidos ao tempo da morte do testador.

Parágrafo único. Se, ao tempo da morte do testador, já houver nascido o fideicomissário, adquirirá este a propriedade dos bens fideicometidos, convertendo-se em usufruto o direito do fiduciário.

Art. 1.953. O fiduciário tem a propriedade da herança ou legado, mas restrita e resolúvel.

Parágrafo único. O fiduciário é obrigado a proceder ao inventário dos bens gravados, e a prestar caução de restituí-los se o exigir o fideicomissário.

Art. 1.954. Salvo disposição em contrário do testador, se o fiduciário renunciar a herança ou o legado, defere-se ao fideicomissário o poder de aceitar.

Art. 1.955. O fideicomissário pode renunciar a herança ou o legado, e, neste caso, o fideicomisso caduca, deixando de ser resolúvel a propriedade do fiduciário, se não houver disposição contrária do testador.

Art. 1.956. Se o fideicomissário aceitar a herança ou o legado, terá direito à parte que, ao fiduciário, em qualquer tempo acrescer.

Art. 1.957. Ao sobrevir a sucessão, o fideicomissário responde pelos encargos da herança que ainda restarem.

Art. 1.958. Caduca o fideicomisso se o fideicomissário morrer antes do fiduciário, ou antes de realizar-se a condição resolutória do direito deste último; nesse caso, a propriedade consolida-se no fiduciário, nos termos do art. 1.955.

Art. 1.959. São nulos os fideicomissos além do segundo grau.

Art. 1.960. A nulidade da substituição ilegal não prejudica a instituição, que valerá sem o encargo resolutório.

CAPÍTULO X
Da Deserdação

Art. 1.961. Os herdeiros necessários podem ser privados de sua legítima, ou deserdados, em todos os casos em que podem ser excluídos da sucessão.

Art. 1.962. Além das causas mencionadas no art. 1.814, autorizam a deserdação dos descendentes por seus ascendentes:

I - ofensa física;

II - injúria grave;

III - relações ilícitas com a madrasta ou com o padrasto;

IV - desamparo do ascendente em alienação mental ou grave enfermidade.

Art. 1.963. Além das causas enumeradas no art. 1.814, autorizam a deserdação dos ascendentes pelos descendentes:

I - ofensa física;

II - injúria grave;

III - relações ilícitas com a mulher ou companheira do filho ou a do neto, ou com o marido ou companheiro da filha ou o da neta;

IV - desamparo do filho ou neto com deficiência mental ou grave enfermidade.

Art. 1.964. Somente com expressa declaração de causa pode a deserdação ser ordenada em testamento.

Art. 1.965. Ao herdeiro instituído, ou àquele a quem aproveite a deserdação, incumbe provar a veracidade da causa alegada pelo testador.

Parágrafo único. O direito de provar a causa da deserdação extingue-se no prazo de quatro anos, a contar da data da abertura do testamento.

CAPÍTULO XI
Da Redução das Disposições Testamentárias

Art. 1.966. O remanescente pertencerá aos herdeiros legítimos, quando o testador só em parte dispuser da quota hereditária disponível.

Art. 1.967. As disposições que excederem a parte disponível reduzir-se-ão aos limites dela, de conformidade com o disposto nos parágrafos seguintes.

§ 1.º Em se verificando excederem as disposições testamentárias a porção disponível, serão proporcionalmente reduzidas as quotas do herdeiro ou herdeiros instituídos, até onde baste, e, não bastando, também os legados, na proporção do seu valor.

§ 2.º Se o testador, prevenindo o caso, dispuser que se inteirem, de preferência, certos herdeiros e legatários, a redução far-se-á nos outros quinhões ou legados, observando-se a seu respeito a ordem estabelecida no parágrafo antecedente.

Art. 1.968. Quando consistir em prédio divisível o legado sujeito a redução, far-se-á esta dividindo-o proporcionalmente.

§ 1.º Se não for possível a divisão, e o excesso do legado montar a mais de um quarto do valor do prédio, o legatário deixará inteiro na herança o imóvel legado, ficando com o direito de pedir aos herdeiros o valor que couber na parte disponível; se o excesso não for de mais de um quarto, aos herdeiros fará tornar em dinheiro o legatário, que ficará com o prédio.

§ 2.º Se o legatário for ao mesmo tempo herdeiro necessário, poderá inteirar sua legítima no mesmo imóvel, de preferência aos outros, sempre que ela e a parte subsistente do legado lhe absorverem o valor.

CAPÍTULO XII
Da Revogação do Testamento

Art. 1.969. O testamento pode ser revogado pelo mesmo modo e forma como pode ser feito.

Art. 1.970. A revogação do testamento pode ser total ou parcial.

Parágrafo único. Se parcial, ou se o testamento posterior não contiver cláusula revogatória expressa, o anterior subsiste em tudo que não for contrário ao posterior.

Art. 1.971. A revogação produzirá seus efeitos, ainda quando o testamento, que a encerra, vier a caducar por exclusão, incapacidade ou renúncia do herdeiro nele nomeado; não valerá, se o testamento revogatório for anulado por omissão ou infração de solenidades essenciais ou por vícios intrínsecos.

Art. 1.972. O testamento cerrado que o testador abrir ou dilacerar, ou for aberto ou dilacerado com seu consentimento, haver-se-á como revogado.

CAPÍTULO XIII
Do Rompimento do Testamento

Art. 1.973. Sobrevindo descendente sucessível ao testador, que não o tinha ou não o conhecia quando testou, rompe-se o testamento em todas as suas disposições, se esse descendente sobreviver ao testador.

Art. 1.974. Rompe-se também o testamento feito na ignorância de existirem outros herdeiros necessários.

Art. 1.975. Não se rompe o testamento, se o testador dispuser da sua metade, não contemplando os herdeiros necessários de cuja existência saiba, ou quando os exclua dessa parte.

CAPÍTULO XIV
Do Testamenteiro

Art. 1.976. O testador pode nomear um ou mais testamenteiros, conjuntos ou separados, para lhe darem cumprimento às disposições de última vontade.

Art. 1.977. O testador pode conceder ao testamenteiro a posse e a administração da herança, ou de parte dela, não havendo cônjuge ou herdeiros necessários.

Parágrafo único. Qualquer herdeiro pode requerer partilha imediata, ou devolução da herança, habilitando o testamenteiro com os meios necessários para o cumprimento dos legados, ou dando caução de prestá-los.

Art. 1.978. Tendo o testamenteiro a posse e a administração dos bens, incumbe-lhe requerer inventário e cumprir o testamento.

Art. 1.979. O testamenteiro nomeado, ou qualquer parte interessada, pode requerer, assim como o juiz pode ordenar, de ofício, ao detentor do testamento, que o leve a registro.

Art. 1.980. O testamenteiro é obrigado a cumprir as disposições testamentárias, no prazo marcado pelo testador, e a dar contas do que recebeu e despendeu, subsistindo sua responsabilidade enquanto durar a execução do testamento.

Art. 1.981. Compete ao testamenteiro, com ou sem o concurso do inventariante e dos herdeiros instituídos, defender a validade do testamento.

Art. 1.982. Além das atribuições exaradas nos artigos antecedentes, terá o testamenteiro as que lhe conferir o testador, nos limites da lei.

Art. 1.983. Não concedendo o testador prazo maior, cumprirá o testamenteiro o testamento e prestará contas em cento e oitenta dias, contados da aceitação da testamentaria.

Parágrafo único. Pode esse prazo ser prorrogado se houver motivo suficiente.

Art. 1.984. Na falta de testamenteiro nomeado pelo testador, a execução testamentária compete a um dos cônjuges, e, em falta destes, ao herdeiro nomeado pelo juiz.

Art. 1.985. O encargo da testamentaria não se transmite aos herdeiros do testamenteiro, nem é delegável; mas o testamenteiro pode fazer-se representar em juízo e fora dele, mediante mandatário com poderes especiais.

Art. 1.986. Havendo simultaneamente mais de um testamenteiro, que tenha aceitado o cargo, poderá cada qual exercê-lo, em falta dos outros; mas todos ficam solidariamente obrigados a dar conta dos bens que lhes forem confiados, salvo se cada um tiver, pelo testamento, funções distintas, e a elas se limitar.

Art. 1.987. Salvo disposição testamentária em contrário, o testamenteiro, que não seja herdeiro ou legatário, terá direito a um prêmio, que, se o testador não o houver fixado, será de um a cinco por cento, arbitrado pelo juiz, sobre a herança líquida, conforme a importância dela e maior ou menor dificuldade na execução do testamento.

Parágrafo único. O prêmio arbitrado será pago à conta da parte disponível, quando houver herdeiro necessário.

Art. 1.988. O herdeiro ou o legatário nomeado testamenteiro poderá preferir o prêmio à herança ou ao legado.

Art. 1.989. Reverterá à herança o prêmio que o testamenteiro perder, por ser removido ou por não ter cumprido o testamento.

Art. 1.990. Se o testador tiver distribuído toda a herança em legados, exercerá o testamenteiro as funções de inventariante.

TÍTULO IV
Do Inventário e da Partilha

CAPÍTULO I
Do Inventário

Art. 1.991. Desde a assinatura do compromisso até a homologação da partilha, a administração da herança será exercida pelo inventariante.

CAPÍTULO II
Dos Sonegados

Art. 1.992. O herdeiro que sonegar bens da herança, não os descrevendo no inventário quando estejam em seu poder, ou, com o seu conhecimento, no de outrem, ou que os omitir na colação, a que os deva levar, ou que deixar de restituí-los, perderá o direito que sobre eles lhe cabia.

Art. 1.993. Além da pena cominada no artigo antecedente, se o sonegador for o próprio inventariante, remover-se-á, em se provando a sonegação, ou negando ele a existência dos bens, quando indicados.

Art. 1.994. A pena de sonegados só se pode requerer e impor em ação movida pelos herdeiros ou pelos credores da herança.

Parágrafo único. A sentença que se proferir na ação de sonegados, movida por qualquer dos herdeiros ou credores, aproveita aos demais interessados.

Art. 1.995. Se não se restituírem os bens sonegados, por já não os ter o sonegador em seu poder, pagará ele a importância dos valores que ocultou, mais as perdas e danos.

Art. 1.996. Só se pode argüir de sonegação o inventariante depois de encerrada a descrição dos bens, com a declaração, por ele feita, de não existirem outros por inventariar e partir, assim como argüir o herdeiro, depois de declarar-se no inventário que não os possui.

CAPÍTULO III
Do Pagamento das Dívidas

Art. 1.997. A herança responde pelo pagamento das dívidas do falecido; mas, feita a partilha, só respondem os herdeiros, cada qual em proporção da parte que na herança lhe coube.

§ 1.º Quando, antes da partilha, for requerido no inventário o pagamento de dívidas constantes de documentos, revestidos de formalidades legais, constituindo prova bastante da obrigação, e houver impugnação, que não se funde na alegação de pagamento, acompanhada de prova valiosa, o juiz mandará reservar, em poder do inventariante, bens suficientes para solução do débito, sobre os quais venha a recair oportunamente a execução.

§ 2.º No caso previsto no parágrafo antecedente, o credor será obrigado a iniciar a ação de cobrança no prazo de trinta dias, sob pena de se tornar de nenhum efeito a providência indicada.

Art. 1.998. As despesas funerárias, haja ou não herdeiros legítimos, sairão do monte da herança; mas as de sufrágios por alma do falecido só obrigarão a herança quando ordenadas em testamento ou codicilo.

Art. 1.999. Sempre que houver ação regressiva de uns contra outros herdeiros, a parte do co-herdeiro insolvente dividir-se-á em proporção entre os demais.

Art. 2.000. Os legatários e credores da herança podem exigir que do patrimônio do falecido se discrimine o do herdeiro, e, em concurso com os credores deste, ser-lhes-ão preferidos no pagamento.

Art. 2.001. Se o herdeiro for devedor ao espólio, sua dívida será partilhada igualmente entre todos, salvo se a maioria consentir que o débito seja imputado inteiramente no quinhão do devedor.

CAPÍTULO IV
Da Colação

Art. 2.002. Os descendentes que concorrerem à sucessão do ascendente comum são obrigados, para igualar as legítimas, a conferir o valor das doações que dele em vida receberam, sob pena de sonegação.

Parágrafo único. Para cálculo da legítima, o valor dos bens conferidos será computado na parte indisponível, sem aumentar a disponível.

Art. 2.003. A colação tem por fim igualar, na proporção estabelecida neste Código, as legítimas dos descendentes e do cônjuge sobrevivente, obrigando também os donatários que, ao tempo do falecimento do doador, já não possuírem os bens doados.

Parágrafo único. Se, computados os valores das doações feitas em adiantamento de legítima, não houver no acervo bens suficientes para igualar as legítimas dos descendentes e do cônjuge, os bens assim doados serão conferidos em espécie, ou, quando deles já não disponha o donatário, pelo seu valor ao tempo da liberalidade.

Art. 2.004. O valor de colação dos bens doados será aquele, certo ou estimativo, que lhes atribuir o ato de liberalidade.

§ 1.º Se do ato de doação não constar valor certo, nem houver estimação feita naquela época, os bens serão conferidos na partilha pelo que então se calcular valessem ao tempo da liberalidade.

§ 2.º Só o valor dos bens doados entrará em colação; não assim o das benfeitorias acrescidas, as quais pertencerão ao herdeiro donatário, correndo também à conta deste os rendimentos ou lucros, assim como os danos e perdas que eles sofrerem.

Art. 2.005. São dispensadas da colação as doações que o doador determinar saiam da parte disponível, contanto que não a excedam, computado o seu valor ao tempo da doação.

Parágrafo único. Presume-se imputada na parte disponível a liberalidade feita a descendente que, ao tempo do ato, não seria chamado à sucessão na qualidade de herdeiro necessário.

Art. 2.006. A dispensa da colação pode ser outorgada pelo doador em testamento, ou no próprio título de liberalidade.

Art. 2.007. São sujeitas à redução as doações em que se apurar excesso quanto ao que o doador poderia dispor, no momento da liberalidade.

§ 1.º O excesso será apurado com base no valor que os bens doados tinham, no momento da liberalidade.

§ 2.º A redução da liberalidade far-se-á pela restituição ao monte do excesso assim apurado; a restituição será em espécie, ou, se não mais existir o bem em poder do donatário, em dinheiro, segundo o seu valor ao tempo da abertura da sucessão, observadas, no que forem aplicáveis, as regras deste Código sobre a redução das disposições testamentárias.

§ 3.º Sujeita-se a redução, nos termos do parágrafo antecedente, a parte da doação feita a herdeiros necessários que exceder a legítima e mais a quota disponível.

§ 4.º Sendo várias as doações a herdeiros necessários, feitas em diferentes datas, serão elas reduzidas a partir da última, até a eliminação do excesso.

Art. 2.008. Aquele que renunciou a herança ou dela foi excluído, deve, não obstante, conferir as doações recebidas, para o fim de repor o que exceder o disponível.

Art. 2.009. Quando os netos, representando os seus pais, sucederem aos avós, serão obrigados a trazer à colação, ainda que não o hajam herdado, o que os pais teriam de conferir.

Art. 2.010. Não virão à colação os gastos ordinários do ascendente com o descendente, enquanto menor, na sua educação, estudos, sustento, vestuário, tratamento nas enfermidades, enxoval, assim como as despesas de casamento, ou as feitas no interesse de sua defesa em processo-crime.

Art. 2.011. As doações remuneratórias de serviços feitos ao ascendente também não estão sujeitas a colação.

Art. 2.012. Sendo feita a doação por ambos os cônjuges, no inventário de cada um se conferirá por metade.

CAPÍTULO V
Da Partilha

Art. 2.013. O herdeiro pode sempre requerer a partilha, ainda que o testador o proíba, cabendo igual faculdade aos seus cessionários e credores.

Art. 2.014. Pode o testador indicar os bens e valores que devem compor os quinhões hereditários, deliberando ele próprio a partilha, que prevalecerá, salvo se o valor dos bens não corresponder às quotas estabelecidas.

Art. 2.015. Se os herdeiros forem capazes, poderão fazer partilha amigável, por escritura pública, termo nos autos do inventário, ou escrito particular, homologado pelo juiz.

Art. 2.016. Será sempre judicial a partilha, se os herdeiros divergirem, assim como se algum deles for incapaz.

Art. 2.017. No partilhar os bens, observar-se-á, quanto ao seu valor, natureza e qualidade, a maior igualdade possível.

Art. 2.018. É válida a partilha feita por ascendente, por ato entre vivos ou de última vontade, contanto que não prejudique a legítima dos herdeiros necessários.

Art. 2.019. Os bens insuscetíveis de divisão cômoda, que não couberem na meação do cônjuge sobrevivente ou no quinhão de um só herdeiro, serão vendidos judicialmente, partilhando-se o valor apurado, a não ser que haja acordo para serem adjudicados a todos.

§ 1.º Não se fará a venda judicial se o cônjuge sobrevivente ou um ou mais herdeiros requererem lhes seja adjudicado o bem, repondo aos outros, em dinheiro, a diferença, após avaliação atualizada.

§ 2.º Se a adjudicação for requerida por mais de um herdeiro, observar-se-á o processo da licitação.

Art. 2.020. Os herdeiros em posse dos bens da herança, o cônjuge sobrevivente e o inventariante são obrigados a trazer ao acervo os frutos que perceberam, desde a abertura da sucessão; têm direito ao reembolso das despesas necessárias e úteis que fizeram, e respondem pelo dano a que, por dolo ou culpa, deram causa.

Art. 2.021. Quando parte da herança consistir em bens remotos do lugar do inventário, litigiosos, ou de liquidação morosa ou difícil, poderá proceder-se, no prazo legal, à partilha dos outros, reservando-se aqueles para uma ou mais sobrepartilhas, sob a guarda e a administração do mesmo ou diverso inventariante, e consentimento da maioria dos herdeiros.

Art. 2.022. Ficam sujeitos a sobrepartilha os bens sonegados e quaisquer outros bens da herança de que se tiver ciência após a partilha.

CAPÍTULO VI
Da Garantia dos Quinhões Hereditários

Art. 2.023. Julgada a partilha, fica o direito de cada um dos herdeiros circunscrito aos bens do seu quinhão.

Art. 2.024. Os co-herdeiros são reciprocamente obrigados a indenizar-se no caso de evicção dos bens aquinhoados.

Art. 2.025. Cessa a obrigação mútua estabelecida no artigo antecedente, havendo convenção em contrário, e bem assim dando-se a evicção por culpa do evicto, ou por fato posterior à partilha.

Art. 2.026. O evicto será indenizado pelos co-herdeiros na proporção de suas quotas hereditárias, mas, se algum deles se achar insolvente, responderão os demais na mesma proporção, pela parte desse, menos a quota que corresponderia ao indenizado.

CAPÍTULO VII
Da Anulação da Partilha

Art. 2.027. A partilha, uma vez feita e julgada, só é anulável pelos vícios e defeitos que invalidam, em geral, os negócios jurídicos.

Parágrafo único. Extingue-se em um ano o direito de anular a partilha.